TUJIE
QICHE XIANSHU JISHU

# 图解
## 汽车线束技术

顾惠烽　编著

化学工业出版社
·北京·

## 内容简介

本书主要介绍汽车线束生产的相关知识和操作技能，分上、中、下三篇依次进行介绍，其中上篇介绍汽车线束基础知识，中篇介绍前工程工艺和工序，下篇介绍后工程工艺和工序。全书内容涵盖汽车线束技术基础和生产制造标准流程，汽车线束生产设备、工具及使用，以及汽车线束生产各岗位如切断、压着、绞线、SSC（插线）、接合、熔着、热收缩、浸水检查、配索、外装、导通等的相关工序、标准、流程和操作技能。

本书内容新颖、图文表并茂、操作步骤清晰、通俗易懂、实用性强，适合汽车维修技术人员阅读，也可作为职业技术院校汽车相关专业的教材以及汽车维修培训机构的教学参考用书。

### 图书在版编目（CIP）数据

图解汽车线束技术 / 顾惠烽编著． -- 北京 ：化学工业出版社，2025．3． -- ISBN 978-7-122-47052-2

Ⅰ．U463．62

中国国家版本馆CIP数据核字第2025H2177U号

责任编辑：黄　滢
责任校对：李露洁
装帧设计：王晓宇

出版发行：化学工业出版社
　　　　（北京市东城区青年湖南街13号　邮政编码100011）
印　　装：北京缤索印刷有限公司
710mm×1000mm　1/16　印张10　字数167千字
2025年4月北京第1版第1次印刷

购书咨询：010-64518888
售后服务：010-64518899
网　　址：http：//www.cip.com.cn
凡购买本书，如有缺损质量问题，本社销售中心负责调换。

定　　价：78.00元　　　　　　　　　版权所有　违者必究

# 前言

汽车线束，作为汽车电子控制系统的关键部件，主要用于传输汽车电气信号。其所扮演的角色，如果以人体为参照物，那就相当于人体中的血管，其重要性自不必说。因此，汽车线束工作状况的好坏在很大程度上决定了汽车使用性能是否良好。

汽车线束是一种相对精密的元器件，其生产制造工艺和工序都很复杂，如果没有专门的理论书籍作指导和系统的培训，对于汽车维修初学者和入门者而言，其操作方法和技术要领在短时间内都很难掌握。鉴于此，在化学工业出版社的组织下，特编写了本书。

本书内容分上、中、下三篇进行介绍，其中上篇介绍汽车线束基础知识，中篇介绍前工程工艺和工序，下篇介绍后工程工艺和工序。涵盖汽车线束生产标准流程，汽车线束生产设备、工具及使用，以及汽车线束生产各岗位如切断、压着、绞线、SSC（插线）、接合、熔着、热收缩、防水栓安装、浸水检查、配索、外装、导通等的相关工序、技术标准、生产流程和操作技能。

本书的编写力求以新颖实用为主，没有涉及高深的专业理论知识，文字简练。讲解过程中充分发挥了图解的特色，以"全彩图解"的形式向读者传授汽车线束技术的基本知识，真正做到用"图"说话——以"图"代"解"，以"解"说"图"，一目了然，通俗易懂。此外，本书还配有电子教学课件PPT，有需要的读者可发邮件至 huangying0436@163.com，免费领取（请提供购书截屏）。

本书适合汽车维修技术初学者和入门者自学使用，可作为大专院校、职业技术院校汽车相关专业师生的参考教材，可供汽车制造和汽车维修相关工程技术人员参考，也可作为企业培训用书。

由于笔者水平所限，书中疏漏和不足之处在所难免，恳请广大读者批评指正。

编著者

# 目录

## 上篇　汽车线束基础知识

### 第1章　汽车线束技术基础 / 002

1.1　汽车电子器件与组立电线 / 002

1.2　电线基础知识 / 003

　1.2.1　常见电线颜色代码 / 003

　1.2.2　电线尺寸代号 / 004

　1.2.3　电线的组成 / 004

　1.2.4　电线的品种代号及特征 / 004

1.3　端子基础知识 / 006

　1.3.1　常见端子代号及类型 / 006

　1.3.2　端子的构造 / 008

　1.3.3　常见端子生产缺陷的判别及其影响 / 008

1.4　插接器代号 / 011

1.5　常见软管（绝缘皮）名称、图示及实物图 / 012

1.6　常见部品和胶带 / 012

　1.6.1　常见部品数字代码和名称 / 012

　1.6.2　常见胶带的品种和特征 / 013

1.7　常见卷胶带作业 / 014

　1.7.1　全卷作业 / 014

　1.7.2　荒卷作业 / 015

　1.7.3　固定卷作业 / 015

　1.7.4　分枝粗卷作业 / 016

　1.7.5　分枝密卷作业 / 017

　1.7.6　齐上卷作业 / 018

　1.7.7　齐下卷作业 / 019

　1.7.8　卷胶带操作不当案例 / 019

1.7.9 冗余电线的处理及蛇管的安装 / 021

1.8 汽车线束生产标准流程 / 026

1.8.1 前工程标准流程 / 026

1.8.2 后工程标准流程 / 026

1.9 线束生产企业员工基本素养 / 027

1.9.1 仪容仪表 / 027

1.9.2 工作注意事项 / 027

## 第 2 章 配索作业标准与规范 / 028

2.1 插端子顺序 / 028

2.2 后插线放入与取出标准 / 029

2.3 双重锁止结构锁止方法 / 031

2.4 插板检查要领 / 031

2.5 端子末端电线弯折与电线白化检查要领 / 032

2.6 一般电线损伤判定 / 032

2.7 端子盒横出回路配索与外装作业标准 / 033

2.8 线兜使用要领 / 034

2.9 治具还原的重要性 / 035

2.10 从人工支处拿取电线的注意事项 / 036

2.11 配索前取线的注意事项 / 036

2.12 人工支的放置方法 / 037

2.13 电线放到人工支处的注意事项 / 037

## 第 3 章 外装作业标准与规范 / 039

3.1 齐下卷胶带的标准 / 039

3.2 胶管卷下作业步骤与要领 / 040

3.3 撕胶带的方法 / 040

3.4 外装部品的正确安装位置 / 041

3.5 蛇管、网管做内固定卷 / 042

3.6 网管安装方法 / 043

3.7 合并固定卷后还原治具的重要性 / 045

3.8　分枝处理前 CASE 再还原的重要性 / 046

## 第 4 章　汽车线束制造设备、工具的使用和注意事项 / 047
4.1　汽车线束主要制造设备 / 047
　　4.1.1　前工程制造设备 / 047
　　4.1.2　后工程制造设备 / 050
4.2　汽车线束制造辅助工具 / 055

# 中篇　前工程工艺和工序

## 第 5 章　切断工艺 / 060
5.1　切断工艺基础 / 060
　　5.1.1　电线颜色区分 / 060
　　5.1.2　电线品种区分 / 061
　　5.1.3　电线线径区分 / 061
　　5.1.4　端子品种区分 / 062
　　5.1.5　端子规格与拉力检测 / 062
5.2　切断工艺的工序概要 / 064
5.3　切断工艺的技术标准 / 067

## 第 6 章　防水栓安装工艺 / 069
6.1　防水栓的品种区分 / 069
6.2　防水栓安装工艺的工序概要 / 069
6.3　防水栓安装工艺的技术标准 / 071

## 第 7 章　压着工艺 / 072
7.1　压着工艺基础 / 072
　　7.1.1　根据看板核对压着工艺相关信息 / 072

7.1.2　压着设备日常检查 / 073
7.2　压着工艺的工序概要 / 073
7.3　压着工艺的技术标准 / 076

## 第 8 章　绞线工艺 / 077

8.1　绞线工艺基础 / 077
  8.1.1　电线颜色确认 / 077
  8.1.2　电线品种确认 / 078
  8.1.3　电线线径确认 / 079
  8.1.4　绞线圈数确认 / 080
  8.1.5　绞线设备日常检查 / 081
8.2　绞线工艺的工序概要 / 081
8.3　绞线工艺的技术标准 / 084

## 第 9 章　熔着工艺 / 085

9.1　熔着工艺基础 / 085
  9.1.1　根据熔着总看板核对熔着工艺相关信息 / 085
  9.1.2　熔着设备日常检查 / 085
9.2　熔着工艺的工序概要 / 086
9.3　熔着工艺的技术标准 / 089

## 第 10 章　热收缩工艺 / 091

10.1　准备工作 / 091
10.2　热收缩设备日常检查 / 092
10.3　热收缩工艺的工序概要 / 093
10.4　热收缩工艺的技术标准 / 097

## 第 11 章　浸水检查工艺 / 098

11.1　检查浸水检查机的气压值 / 098
11.2　浸水检查机日常检查 / 099
11.3　浸水检查工艺的工序概要 / 099
11.4　浸水检查工艺的技术标准 / 102

# 下篇 后工程工艺和工序

## 第 12 章 SSC（插线）工艺 / 104

### 12.1 SSC 工艺基础 / 104
12.1.1 根据看板核对 SSC 工艺相关信息 / 104
12.1.2 SSC 设备日常检查 / 107

### 12.2 SSC 工艺的标准工序 / 108
### 12.3 SSC 工艺的技术标准 / 112

## 第 13 章 配索工艺 / 114

### 13.1 配索工艺基础 / 114
13.1.1 根据看板核对配索工艺相关信息 / 114
13.1.2 配索设备日常检查 / 114

### 13.2 配索工艺的标准工序 / 114
### 13.3 配索工艺的技术标准 / 116

## 第 14 章 部品准备 / 118

### 14.1 部品准备概述 / 118
14.1.1 汽车线束部品的分类 / 118
14.1.2 部品准备设备日常检查 / 118

### 14.2 部品准备的标准工序 / 119
### 14.3 部品准备的技术标准 / 120

## 第 15 章 外装工艺 / 123

### 15.1 外装工艺基础 / 123
15.1.1 外装部品的认识 / 123
15.1.2 外装设备日常检查 / 123

15.2　外装工艺的标准工序 / 123

15.3　外装工艺的技术标准 / 125

## 第 16 章　套环工序 / 129

16.1　套环设备日常检查 / 129

16.2　套环工艺的标准工序 / 129

16.3　套环工艺的技术标准 / 132

## 第 17 章　导通工艺 / 133

17.1　导通工艺基础 / 133

    17.1.1　根据看板核对导通工艺相关信息 / 133

    17.1.2　导通设备日常检查 / 133

17.2　导通工艺的标准工序 / 133

17.3　导通工艺的技术标准 / 137

## 第 18 章　固定钩安装工艺 / 138

18.1　固定钩安装工艺的标准工序 / 138

18.2　固定钩安装工艺的技术标准 / 140

## 第 19 章　止水检查 / 141

## 第 20 章　后加工工艺 / 145

20.1　后加工工艺的标准工序 / 145

20.2　后加工工艺的技术标准 / 147

## 第 21 章　外观检查 / 148

上 篇

汽车线束基础知识

# 第1章

# 汽车线束技术基础

## 1.1 汽车电子器件与组立电线

在汽车上装有实现汽车基本功能（行驶、转弯、停止）以及具有安全性、方便性、舒适性功能的电子器件（图 1-1-1）。这些电子器件依靠电池的电力

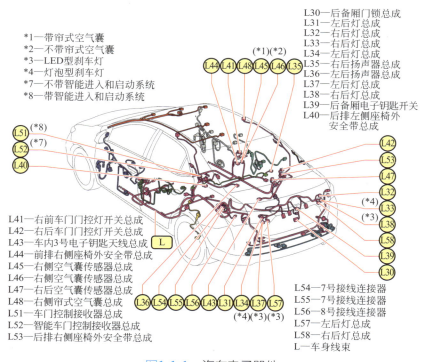

图1-1-1　汽车电子器件

和控制信号工作。传输这些电力和信号的就是组立电线。

## 1.2 电线基础知识

### 1.2.1 常见电线颜色代码（表 1-2-1）

表 1-2-1 常见电线颜色代码

| 数字代码 | 英文代码 | 颜色代码 |
| --- | --- | --- |
| 30 | B | 黑 |
| 40 | W | 白 |
| 50 | R | 红 |
| 60 | G | 绿 |
| 70 | Y | 黄 |
| 80 | BR | 棕 |
| 90 | L | 蓝 |
| 31 | TR | 透明 |
| 41 | GY | 灰 |
| 51 | O | 橙 |
| 61 | LG | 浅绿 |
| 71 | SGY | 银灰 |
| 81 | CH | 黑褐 |
| 91 | SB | 天蓝 |
| 42 | SI | 银色 |
| 52 | P | 粉红 |
| 62 | DG | 深绿 |
| 92 | V | 紫 |
| K9 | DL | 深蓝 |
| 5U | BE | 浅棕 |
| A9 | LA | 淡紫 |

## 1.2.2 电线尺寸代号（表1-2-2和表1-2-3）

表1-2-2 一般电线大小

| 日本代号 | 037 | 039 | 040 | 041 | 042 | 043 | 044 | 045 | 046 |
|---|---|---|---|---|---|---|---|---|---|
| 某企业代号 | 0.3 | 0.5 | 0.85 | 1.25 | 2.0 | 3.0 | 5.0 | 8.0 | 15.0 |

表1-2-3 无卤素电线大小

| 日本代号 | 027 | 099 | 069 | 040 | 060 | 065 | 68 |
|---|---|---|---|---|---|---|---|
| 某企业代号 | 0.13 | 0.22 | 0.35 | 0.75 | 1 | 1.5 | 12 |

## 1.2.3 电线的组成（图1-2-1）

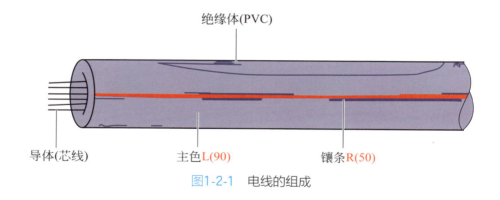

图1-2-1 电线的组成

## 1.2.4 电线的品种代号及特征

（1）无卤素电线

无卤素电线是一种环保产品，不含铅，但绝缘皮比较硬、没有弹性。因为容易发生电线破损，所以使用时须特别小心。

❶ CHFUS（F76）自动车用压缩导体超薄型无卤素绝缘体低压电线如图1-2-2所示。

图1-2-2 CHFUS（F76）自动车用压缩导体超薄型无卤素绝缘体低压电线

❷ HFSS（F77）无卤素电线如图1-2-3所示。

图1-2-3　HFSS（F77）无卤素电线

❸ HF（F78）无卤素电线如图1-2-4所示。

图1-2-4　HF（F78）无卤素电线

❹ CIVUS（1R7）无卤素电线如图1-2-5所示。

图1-2-5　CIVUS（1R7）无卤素电线

（2）一般电线
AVS（096）自动车用薄型低压电线如图1-2-6所示。

图1-2-6　AVS（096）自动车用薄型低压电线

CAVS（184）自动车用压缩导体薄型低压电线如图1-2-7所示。

图1-2-7　CAVS（184）自动车用压缩导体薄型低压电线

（3）绞线
ACCAVST（S38）：两条CAVS电线绞在一起的绞线品种代号。

注意：绞距为45mm（图1-2-8）。

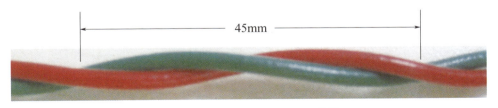

图1-2-8　ACCAVST（S38）绞线

ACCAVST（S28）：两条CAVS电线绞在一起的绞线品种代号。

注意：绞距为25mm（图1-2-9）。

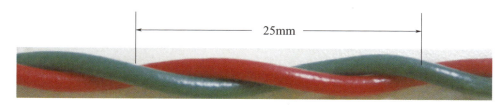

图1-2-9 ACCAVST(S28)绞线

## 1.3 端子基础知识

### 1.3.1 常见端子代号及类型(表 1-3-1)

表 1-3-1 常见端子代号及类型

| 端子代号 | 端子类型 | 实物图 |
| --- | --- | --- |
| 7113 | 尖形端子 | |
| 7114 | 扁形端子 | |

续表

| 端子代号 | 端子类型 | 实物图 |
|---|---|---|
| 7115 | 圆形端子 | |
| 7112/7116 | 箱形端子 | |
| 7009 | LA 端子 | |
| 7017 | 接合端子 | |
| 7215/7126/7125 | 特殊端子 | |

## 1.3.2 端子的构造（图1-3-1）

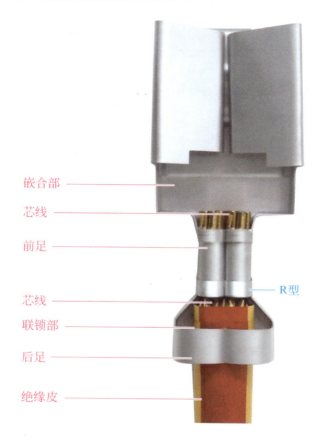

图1-3-1 端子的构造

## 1.3.3 常见端子生产缺陷的判别及其影响（表1-3-2）

表1-3-2 常见端子生产缺陷的判别及其影响

| 序号 | 缺陷类型 | 图片 | 影响 |
|---|---|---|---|
| 1 | 加缔压着无芯线 |  | 导通不良 |

续表

| 序号 | 缺陷类型 | 图片 | 影响 |
|---|---|---|---|
| 2 | 无削皮加缔 | | 导通不良 |
| 3 | 绝缘体加缔 | | 容易造成断路 |
| 4 | 芯线散开 | | 容易造成短路 |
| 5 | 芯线缩入 | | 容易脱落 |
| 6 | 绝缘皮缩入 | | 芯线易断 |
| 7 | 后足变形 | | 容易脱落 |

续表

| 序号 | 缺陷类型 | 图片 | 影响 |
|---|---|---|---|
| 8 | 没有R型 | | 芯线易断 |
| 9 | 芯线伸出太长 | | 不能嵌合 |
| 10 | 断芯线 | | 容易造成断路 |
| 11 | 毛边太长 | | 不能嵌合，抵抗值下降 |
| 12 | 端子嵌合部变形 | | 不能嵌合 |
| 13 | 端子头切断 | | 不能嵌合 |
| 14 | 端子扩张 | | 公：不能嵌合<br>母：嵌合后容易脱落 |

续表

| 序号 | 缺陷类型 | 图片 | 影响 |
|---|---|---|---|
| 15 | 端子联锁过长 | | 易断路、嵌合不到位 |

## 1.4 插接器代号

公 CASE（图 1-4-1）代号：7122、7222、7282。

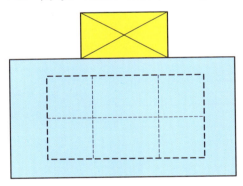

图1-4-1  公CASE

母 CASE（图 1-4-2）代号：7123、7223、7283。

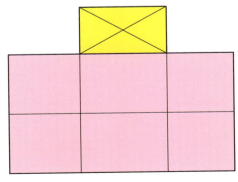

图1-4-2  母CASE

## 1.5 常见软管（绝缘皮）名称、图示及实物图（表 1-5-1）

表 1-5-1 常见软管（绝缘皮）名称、图示及实物图

| 名称 | 图示 | 实物图 |
|---|---|---|
| VO 软管 | | |
| C-VO 腹裂管 | | |
| COT 蛇管 | | |
| VS 黏性绝缘皮 | | |

## 1.6 常见部品和胶带

### 1.6.1 常见部品数字代码和名称

常见部品数字代码和名称如表 1-6-1 所示。

表 1-6-1 常见部品数字代码和名称

| 数字代码 | 部品名称 |
|---|---|
| 7046 | 品番卡 |

续表

| 数字代码 | 部品名称 |
|---|---|
| 7035、7135 | 套环 |
| 7047、7147、7247 | 固定钩 |
| 7039、7139 | 收缩管 |
| 7057、7058 | 泡沫棉 |
| 7149 | 小灯泡 |
| 7157、7158 | 防水栓 |
| 7254、7124 | 保护架 |
| 7321 | 二级体 |
| 7382 | 后盖 |
| 7409 | 熔着 |

## 1.6.2 常见胶带的品种和特征

常见胶带的品种和特征如表 1-6-2 所示。

表 1-6-2 常见胶带的品种和特征

| 代码 | 宽度/mm | 胶带名称 |
|---|---|---|
| VTA090-B | 19 | 黑色 PVC 黏着 TAPE |
| VTAC-L | 19 | 蓝色 PVC 黏着 TAPE |
| SVTAC-W | 10 | 白色可撕性 PVC 黏着 TAPE |
| NHTAC-P | 19 | 无卤素粉色 PVC 黏着 TAPB |
| S-NHTAC-W | 10 | 无卤素白色可撕性 PVC 黏着 TAP |
| VTAX-B | 19 | 黑色耐热 PVC 黏着 TAPE |
| AATN-B | 19 | 黑色醋酸纤维布胶带 |
| VTAJ-B | 45 | 黑色 PVC 黏着 TAPE（J-接合） |

## 1.7 常见卷胶带作业

### 1.7.1 全卷作业

在电线上以胶带宽度的 1/2 重叠的部分,即 1/2 重叠卷,称为全卷(图 1-7-1)。

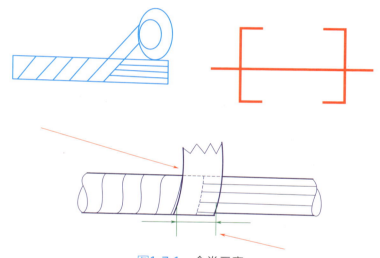

图1-7-1 全卷示意

> 注意:开始卷胶带处重叠卷 2~3 回卷时,胶带须拉紧,使其紧紧缠住电线,在胶带中段、末端再卷 2~3 次,接着继续全卷作业,胶带卷完后再重叠 2~3 回卷(图 1-7-2)。

图1-7-2 全卷实物

## 1.7.2 荒卷作业

以 1/3～1 倍的胶带宽度为间隔距离进行作业的部分称为荒卷（图 1-7-3）。电线露出范围为 1/3～1 倍的胶带宽度。

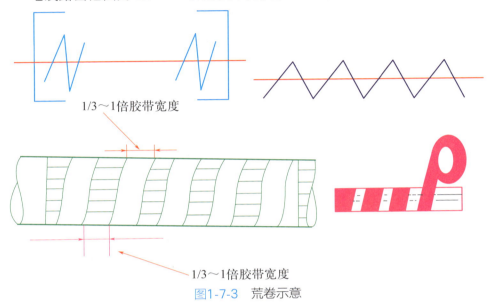

图 1-7-3 荒卷示意

> 注意：起始端和终止端都要卷 2～3 回卷（图 1-7-4），根据线束粗细正确使用胶带（使用胶带宽度为 10mm、19mm、25mm）。

图 1-7-4 荒卷实物

## 1.7.3 固定卷作业

在电线上用胶带（按图 1-7-5 所示）固定重叠 3～4 回卷的部分称为固定卷。

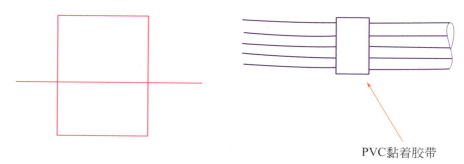

图1-7-5 固定卷示意

> **注意**：将制品置于治具上作业（若制品从治具叉上掉落，要将制品挂回治具叉），胶带对准软标，确定卷胶带位置，用胶带卷3～4回卷固定[图1-7-6（a）]，其实操图如图1-7-6（b）所示。

(a) 用胶带卷3～4回卷固定

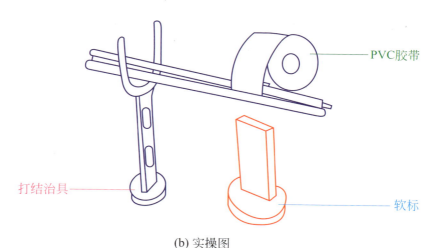

(b) 实操图

图1-7-6 固定卷作业

## 1.7.4 分枝粗卷作业

在分枝部合并卷及交叉卷时，分枝部可露线（图1-7-7）。

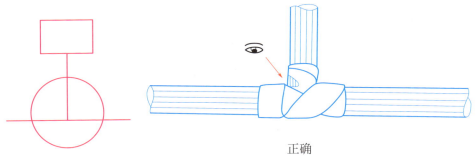

正确

图1-7-7 分枝粗卷示意

> 注意：露线范围不可超过10mm，胶带不可卷太多（图1-7-8）。

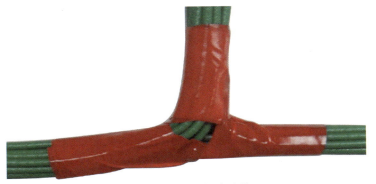

图1-7-8 分枝粗卷实物

## 1.7.5 分枝密卷作业

在分枝部合并卷及交叉卷时，分枝部不可露线，拉紧胶带不可松弛（图1-7-9）。

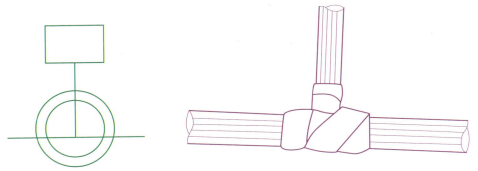

图1-7-9 分枝密卷示意

💡 **注意**：密卷时，胶带也不可卷太多，以防止过多胶带卷会导致放回治具时困难及难以装车（图 1-7-10）。

图1-7-10 分枝密卷实物

## 1.7.6 齐上卷作业

在进行 C-VO 软管或 COT 蛇管作业时，胶带与管口要对齐卷 2～3 回卷，不可露管（图 1-7-11）。

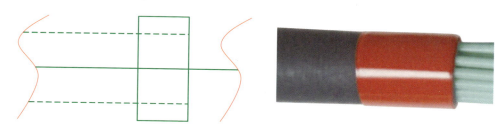

(a) 作业方法1

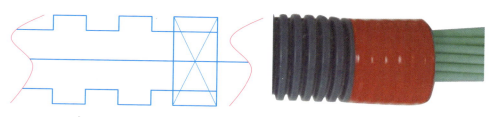

(b) 作业方法2

图1-7-11 齐上卷作业

## 1.7.7 齐下卷作业

在进行 C-VO 软管或 COT 蛇管作业时，胶带先在管上固定卷 2～3 回卷再延伸至电线，固定卷 2～3 回卷（图 1-7-12）。

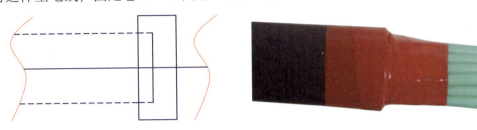

(a) 作业方法1

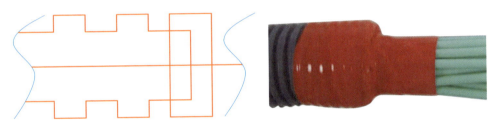

(b) 作业方法2

图 1-7-12　齐下卷作业

## 1.7.8 卷胶带操作不当案例（表 1-7-1）

表 1-7-1　卷胶带操作不当案例

| 案例 | 示意图 | 实物图 |
|---|---|---|
| CASE 包入干部 | | |

续表

| 案例 | 示意图 | 实物图 |
|---|---|---|
| 电线长短不齐 | | |
| 互相缠绕 | | |
| 露线（全卷） | | |
| 荒卷不当 | 胶带宽度过大 | |

续表

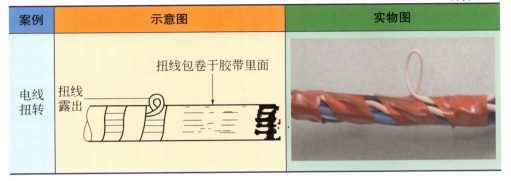

## 1.7.9 冗余电线的处理及蛇管的安装

（1）冗余电线的处理

一般而言，冗余的电线（含所有特殊电线），无论在分枝部、接合点处、固定钩旁等，也无论在任何管类里面，都禁止扭线（图1-7-13）。

冗余的电线尽量环绕于管类或全卷下面（冗余电线绕线时，绕线的间距尽量拉开，不可密集在一起）。

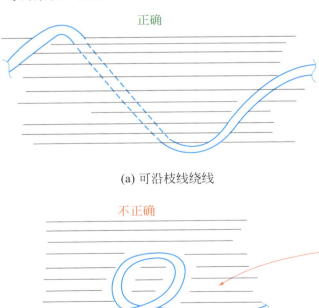

图1-7-13　冗余电线的处理

对屏蔽线等特殊电线也进行同样处理。

（2）蛇管的安装

蛇管内电线卷胶带要领如下。

❶ 有图示时按图示作业。

❷ 无图示时卷荒卷或固定卷。

蛇管内部的荒卷：在起始端用胶带卷 2 回卷，固定后再继续荒卷。荒卷时胶带与胶带之间的距离为 20～40mm，且胶带要紧缠电线，不可太松（图 1-7-14）。

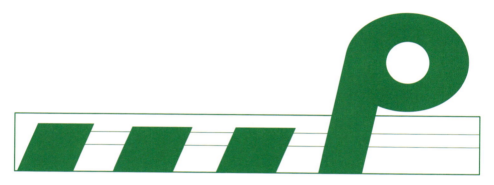

图1-7-14　蛇管内部的荒卷

蛇管内部的固定卷：在电线为 2 层以上（含 2 层）的情况下，如果距离为 300mm 以下时，可以只做部分固定卷（基准是大约 100mm 的距离）（图 1-7-15）。

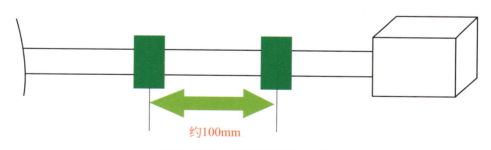

图1-7-15　蛇管内部的固定卷

蛇管的安装要领：将所用蛇管装于治具上，一手按住助穿治具，另一手移动蛇管。

蛇管的安装步骤如下。

❶ 把树脂材料的助穿治具托起电线（图 1-7-16）。

图1-7-16 把树脂材料的助穿治具放在电线上

❷ 托起电线后,把树脂材料的助穿治具A处(起始端)合起来(图1-7-17)。

图1-7-17 A部(起始端)合起来

❸ COT蛇管开口起始端挂在树脂材料的助穿治具的A处(起始端)(图1-7-18)。

❹ 将电线穿入蛇管(图1-7-19)。

❺ 助穿结束后,取下治具(图1-7-20)。

把COT蛇管从A处(起始端)穿入

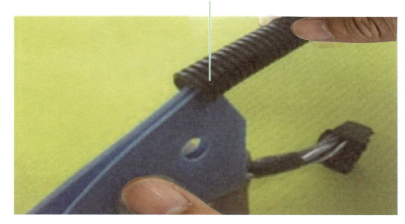

图1-7-18　将助穿治具穿入蛇管

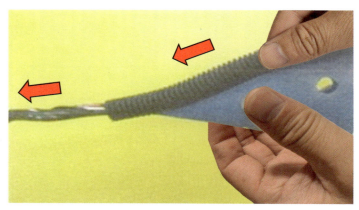

图1-7-19　将电线穿入蛇管

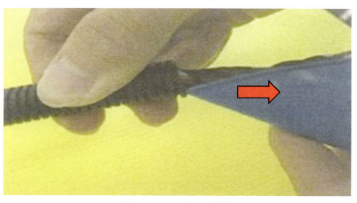

图1-7-20　取下治具

❻ 确认 COT 蛇管开裂处是否有电线溢出，COT 蛇管开裂处是否重叠在一起，再用胶带固定处理（图 1-7-21）。

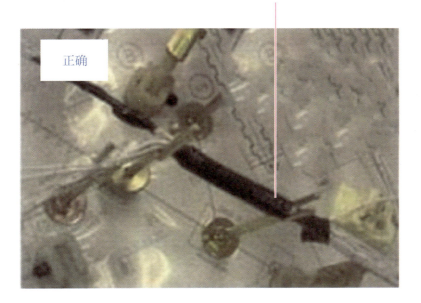

COT蛇管开裂处没有电线溢出或重叠

正确

错误

有电线溢出

图1-7-21　检查是否有电线溢出或重叠

## 1.8 汽车线束生产标准流程

### 1.8.1 前工程标准流程（图1-8-1）

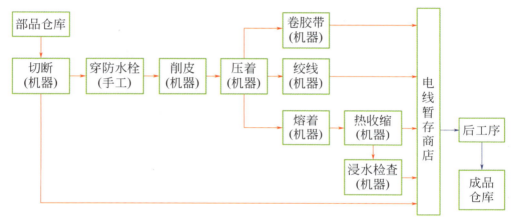

图1-8-1　前工程标准流程

### 1.8.2 后工程标准流程（图1-8-2）

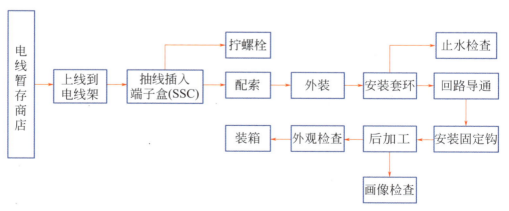

图1-8-2　后工程标准流程

## 1.9 线束生产企业员工基本素养

### 1.9.1 仪容仪表

❶ 指甲：从掌心正面看过去不能看到指甲。
❷ 头发：过肩时头发要扎起来。
❸ 穿着整齐：穿外套时扣子要扣好，不可穿背心、裙子，应穿九分以上的黑色长裤。
❹ 进出车间时，要按门上提示开关（推拉）门。
❺ 不可在厕所内吸烟，要到指定地点吸烟；男生胡子过长要刮掉。

### 1.9.2 工作注意事项

❶ 工作期间不能倚靠治具。
❷ 在工作间歇时，不可靠在机台或治具上。
❸ 在工作间歇时，应站在本岗位原地等待。
❹ 不能坐在治具上休息，应坐在休息区休息。

# 第2章

# 配索作业标准与规范

## 2.1 插端子顺序

握端子盒的方向与后插线夹锁定方向相同，按图 2-1-1 所示的顺序进行插盒作业。操作标准如图 2-1-2 所示。

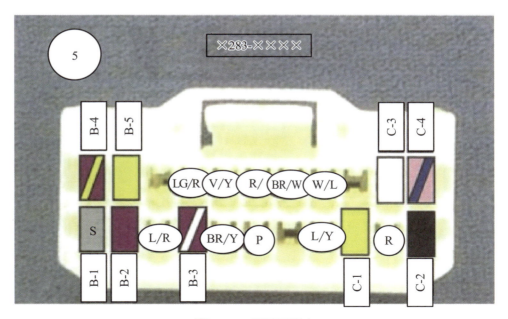

图2-1-1 插端子顺序

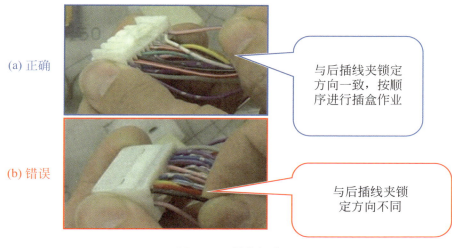

(a) 正确 — 与后插线夹锁定方向一致，按顺序进行插盒作业

(b) 错误 — 与后插线夹锁定方向不同

图2-1-2　操作标准

## 2.2　后插线放入与取出标准

❶ 放入：后插线放入后插线夹时，双手拿取电线垂直放入后插线夹（图 2-2-1）。

正确

用双手拿取后插线夹两边电线，垂直放入后插线夹，后插线夹距离端子后足30～40mm

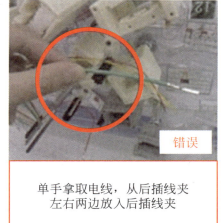

错误

单手拿取电线，从后插线夹左右两边放入后插线夹

图2-2-1

错误
手指靠近端子后足，后插线夹与端子后足距离小于15mm

错误
手拿端子时将电线放入后插线夹

图2-2-1 后插线放入

❷ 取出：后插线从后插线夹取出时，用食指和中指将电线从后插线夹垂直取出（图 2-2-2）。

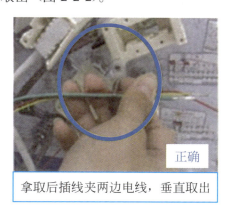
正确
拿取后插线夹两边电线，垂直取出

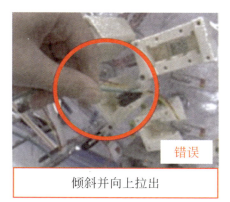
错误
倾斜并向上拉出

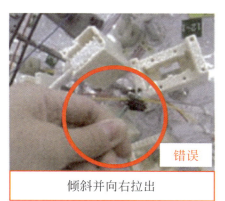
错误
倾斜并向右拉出

错误
将端子拉出

图2-2-2 后插线取出

## 2.3 双重锁止结构锁止方法

用拇指按下双重锁止结构锁止部位,如图 2-3-1 所示。

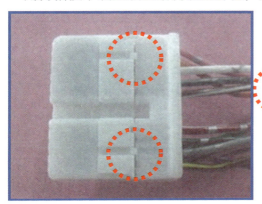

红色圆圈内的突出部分是双重锁止结构的锁止部位(两处)

图2-3-1　用拇指按下双重锁止结构的锁止部位

## 2.4 插板检查要领

对 090 Ⅱ 端子盒（1～6 孔），按图 2-4-1 所示将插板嵌合。

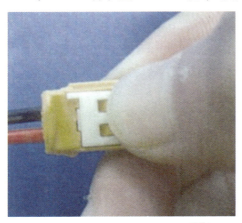
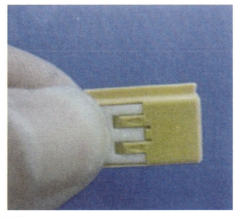

图2-4-1　插板嵌合

如发现插板浮起，不可手动修理后使用，必须换盒。

## 2.5　端子末端电线弯折与电线白化检查要领

SSC、配索作业员插线前，应确认端子末端电线有无弯折、白化（图2-5-1）。外观检查员重点确认端子末端电线有无白化。

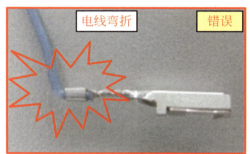
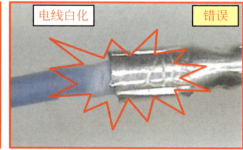

图2-5-1　电线弯折与电线白化检查

## 2.6　一般电线损伤判定

普通电线表面的压痕、一般性伤痕［图2-6-1（a）］为正常现象，如果连续出现三处或三处以上，必须及时向负责人汇报；露出芯线［图2-6-1（b）］为生产缺陷，必须立刻停止作业，并向负责人报告。

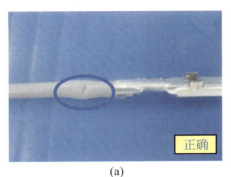 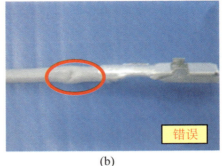

(a)            (b)

图2-6-1　电线的损伤判定

## 2.7　端子盒横出回路配索与外装作业标准

（1）端子盒横出回路配索作业标准

 把端子盒放入治具，关上挡片。

❷ 将该端子盒回路按路径自然状态牵出，确保无绞线，电线无绷紧、无冗余。

❸ 在横出回路的底端插入树脂棒，确认横出回路最内侧和最外侧的电线都无绷紧（图2-7-1）。

图2-7-1　配索作业标准

(2) 端子盒横出回路外装作业标准
❶ 确认配索后的电线无绷紧和冗余（图 2-7-2）。
❷ 确保电线在自然的状态下安装外装部品。
❸ 确保电线在自然的状态下卷胶带作业。
❹ 确保使用辅助治具。

图2-7-2　外装作业标准

## 2.8　线兜使用要领

电线必须放在线兜内进行配索作业（图 2-8-1）。

图2-8-1　电线必须放在线兜内进行配索作业

## 2.9 治具还原的重要性

❶ 如果治具没有还原,制品则不能很好地进行配索(作业)。

❷ 如果治具不返回正常位置,就会引起尺寸不当,治具钩挂电线会造成电线损伤。因此需按图2-9-1～图2-9-3所示进行还原。

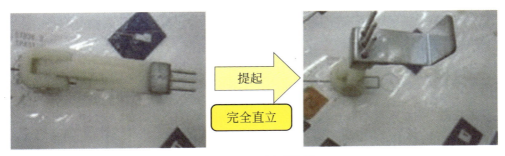

图2-9-1　可倒式治具

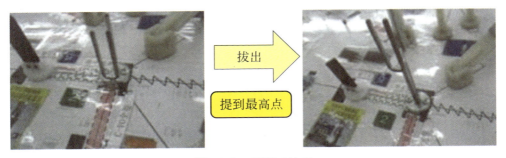

图2-9-2　可提式治具

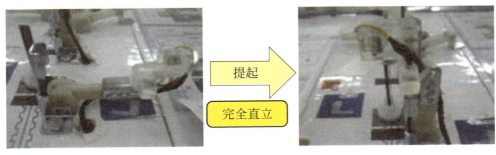

图2-9-3　固定钩式治具

## 2.10 从人工支处拿取电线的注意事项

从人工支处拿取电线时,必须双手拿取。

单手拿取电线,会造成端子电线被人工支夹到,导致变形,造成电线损伤(图2-10-1)。

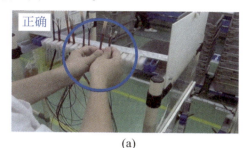
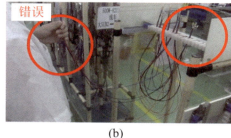

(a)                         (b)

图2-10-1 从人工支处拿取电线

## 2.11 配索前取线的注意事项

配索作业员在配索前取线时,务必紧贴人工支上部取线,否则将发生端子后足变形或端子嵌合部弯曲。

一只手取线时务必用另一只手按住人工支,并紧贴人工支上部向外拉,将电线取出(图2-11-1)。

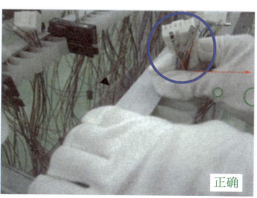

图2-11-1 配索前取线

## 2.12 人工支的放置方法

在放置 SUB 人工支时必须用双手平行推动人工支至台车底部，为防止人工支掉落到地面，禁止推动人工支时倾斜和单手推动人工支（图 2-12-1）。

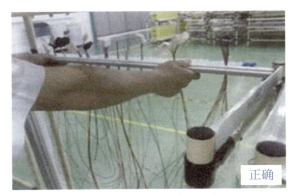

(a) 用双手平行推动人工支

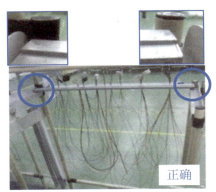

(b) 用双手将人工支平行推动至紧靠台车底部

图 2-12-1　人工支的放置方法

## 2.13　电线放到人工支处的注意事项

电线放到人工支后过长时，一定要将超过复合管的电线夹到人工支上。

电线超过台车复合管时,将长的电线夹到人工支上。如果人工支落下,会砸到电线,造成电线折断或损伤(图 2-13-1)。

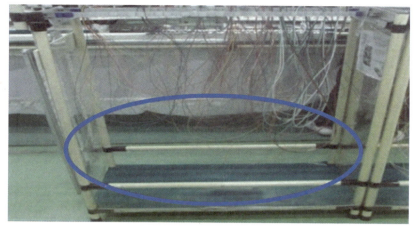

电线超过台车复合管时,将长的电线夹到人工支上

(a) 正确放置

没有将长的电线夹到人工支上

(b) 错误放置

图2-13-1　电线放到人工支处的注意事项

# 第3章 外装作业标准与规范

## 3.1 齐下卷胶带的标准

"部品齐下卷"卷胶带作业标准：在电线上和部品上各卷 1 个胶带宽 [19mm，图 3-1-1（a）]。在这个范围之外的尺寸均为不合格品 [ ＜ 10mm，图 3-1-1（b）]。

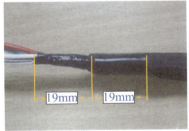

(a) 正确的作业方法

(b) 错误的作业方法

图3-1-1 齐下卷胶带的标准

不合格品中的电线没有得到有效保护，胶带易脱落，会导致线束断线，汽车无法启动。

## 3.2　胶管卷下作业步骤与要领

胶管卷下作业步骤与要领如图3-2-1所示，适用于胶管较粗而线较细的分枝。

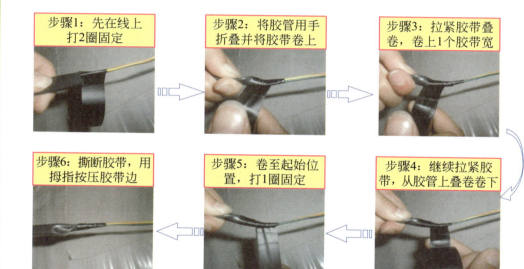

图3-2-1　胶管卷下作业步骤与要领

## 3.3　撕胶带的方法

撕胶带时，要用双手撕开，不要拉断。
撕下胶带后，用手指用力按压胶带头，使其黏合完全（图3-3-1）。

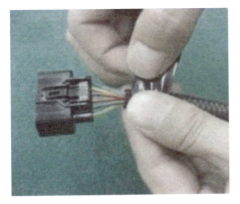 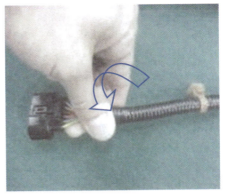

(a) 正确的方法

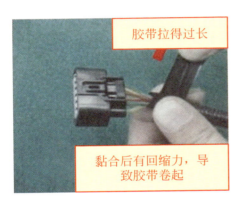 

胶带拉得过长

黏合后有回缩力，导致胶带卷起

黏合不足

(b) 错误的方法

图3-3-1　撕胶带的方法

## 3.4　外装部品的正确安装位置

外装部品安装时，要根据治具位置确定安装位置。

如果外装部品的安装位置错位，想要保护的部分将不能被保护（图3-4-1）。

(a) 正确的安装方法

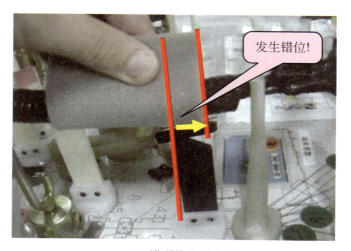

(b) 错误的安装方法

图3-4-1　外装部品的正确安装位置

## 3.5　蛇管、网管做内固定卷

由于蛇管、网管的伸缩性比较强，容易造成尺寸不良，所以规定以下两点。

❶ 蛇管、网管两边都做齐下卷的可以在任何一边做内固定卷。

❷ 蛇管、网管一边做齐下卷一边做齐上卷的,就在做齐下卷那一边做内固定卷。

COT蛇管作业如图3-5-1所示。

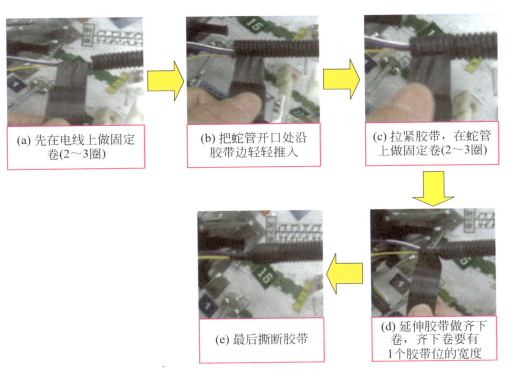

图3-5-1　COT蛇管作业

## 3.6　网管安装方法

❶ 进行配索作业,打开软管的裂开部分。

❷ 从电线下面开始包住电线(图3-6-1)。

注意:软管内不要卷胶带。

❸ 边滑动手指边使软管穿过电线（图3-6-2）。

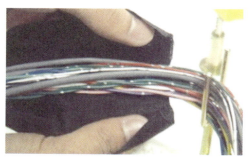

(a) 打开软管的裂开部分　　　　　(b) 从电线下面开始包住电线

图3-6-1　用软管包住电线

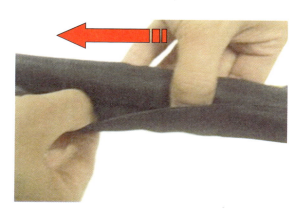

图3-6-2　使软管穿过电线

注意：

① 软管重叠的方向不要交叉；
② 确认没有电线溢出；
③ 确认软管安装的状态（图3-6-3），禁止出现如图3-6-4所示的缺陷。

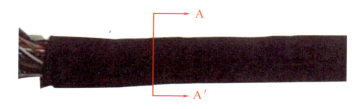

软管的重叠量在90°以上(正确) 软管的重叠量在90°以内(错误) 软管没有重叠在一起(错误)

图3-6-3　确认软管安装的状态

(a) 重叠的方向有交叉　　　　　　　　(b) 有电线溢出

图3-6-4　操作不当导致的缺陷

## 3.7　合并固定卷后还原治具的重要性

　　两个或以上分枝做合并固定卷后，再次还原治具时，只需还原一个末端即可，还原最长的那个末端（图3-7-1）。

图3-7-1　还原最长的末端

## 3.8 分枝处理前 CASE 再还原的重要性

分枝部卷胶带之前，将 CASE 从末端治具叉上取出，作业完毕后要还原治具。还原时确认电线与治具无缠绕、钩挂（图 3-8-1）。

分枝部卷胶带时，如果 CASE 没有放入末端治具叉上，会发生尺寸不良。若电线与治具缠绕、钩挂，制品下线时容易造成电线被拉扯断。

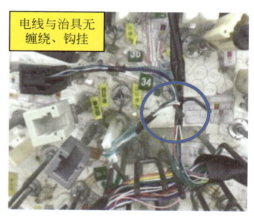

图3-8-1　分枝处理前CASE再还原

CHAPTER 4

第4章

# 汽车线束制造设备、工具的使用和注意事项

## 4.1 汽车线束主要制造设备

### 4.1.1 前工程制造设备

❶ 切断机如图4-1-1所示。

图4-1-1 切断机

❷ 压着机如图 4-1-2 所示。

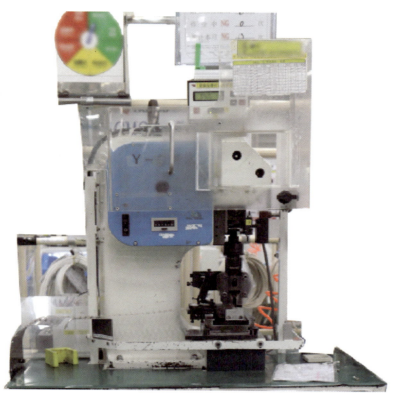

图4-1-2　压着机

❸ 绞线机如图 4-1-3 所示。

图4-1-3　绞线机

❹ 熔着机如图 4-1-4 所示。
❺ 削皮机如图 4-1-5 所示。

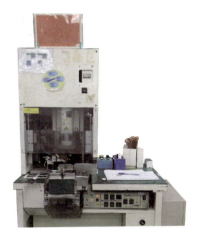

图4-1-4　熔着机

图4-1-5　削皮机

❻ 卷胶带机如图 4-1-6 所示。
❼ 热收缩机如图 4-1-7 所示。

图4-1-6　卷胶带机

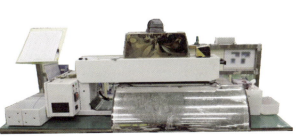

图4-1-7　热收缩机

❽ 浸水检查机如图 4-1-8 所示。

图4-1-8　浸水检查机

## 4.1.2　后工程制造设备

❶ 端子盒、嵌合治具、电线架、上线棒如图 4-1-9 所示。

(a) 端子盒　　　　　　　(b) 嵌合治具

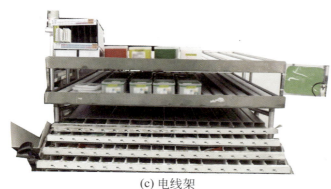

(c) 电线架　　　　　　　(d) 上线棒

图4-1-9　端子盒、嵌合治具、电线架、上线棒

❷ 人工支与 SUB 台车如图 4-1-10 所示。

(a) 人工支　　　　　　　　　(b) SUB台车

图4-1-10　人工支与SUB台车

❸ 插线台车如图 4-1-11 所示。

图4-1-11　插线台车

❹ 流水线如图 4-1-12 所示。

图4-1-12　流水线

❺ 组立治具板如图 4-1-13 所示。
❻ 勿忘棒如图 4-1-14 所示。
❼ 管类切断机如图 4-1-15 所示。

图4-1-13　组立治具板

(a) 勿忘棒-A

(b) 勿忘棒-B

(c) 勿忘棒-C

图4-1-14　勿忘棒

图4-1-15　管类切断机

❽ 仕分针如图 4-1-16 所示。

图4-1-16　仕分针

❾ 套环机如图 4-1-17 所示。

图4-1-17　套环机

❿ 止水检查机如图 4-1-18 所示。

图4-1-18　止水检查机

⓫ 导通检查机如图 4-1-19 所示。

图4-1-19 导通检查机

⑫ 固定钩作业台（卡子枪）如图 4-1-20 所示。

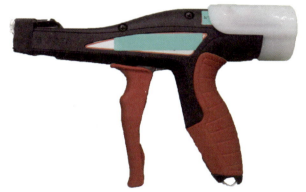

图4-1-20 固定钩作业台（卡子枪）

⑬ 外观检查机（卷尺）如图 4-1-21 所示。

图4-1-21 外观检查机（卷尺）

## 4.2 汽车线束制造辅助工具

❶ 保护杯如图 4-2-1 所示。

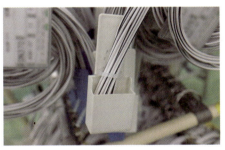

图4-2-1　保护杯

❷ 挂码台车如图 4-2-2 所示。

图4-2-2　挂码台车

❸ 卷尺如图 4-2-3 所示。

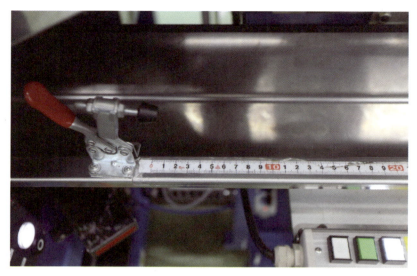

图4-2-3　卷尺

❹ 千分尺如图 4-2-4 所示。

图4-2-4　千分尺

❺ 拉力机如图 4-2-5 所示。
❻ 配线架如图 4-2-6 所示。
❼ 人工支如图 4-2-7 所示。
❽ 热收缩固定治具如图 4-2-8 所示。

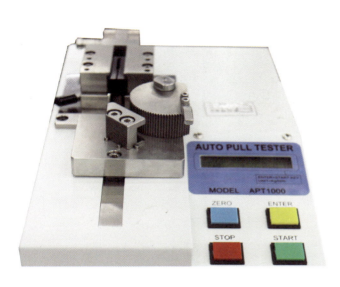
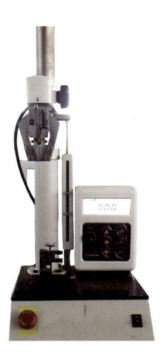

图4-2-5 拉力机

图4-2-6 配线架

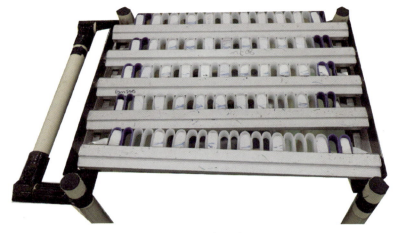

图4-2-7 人工支

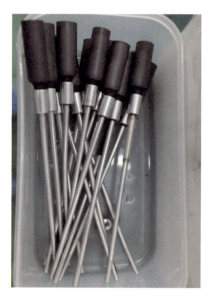

图4-2-8 热收缩固定治具

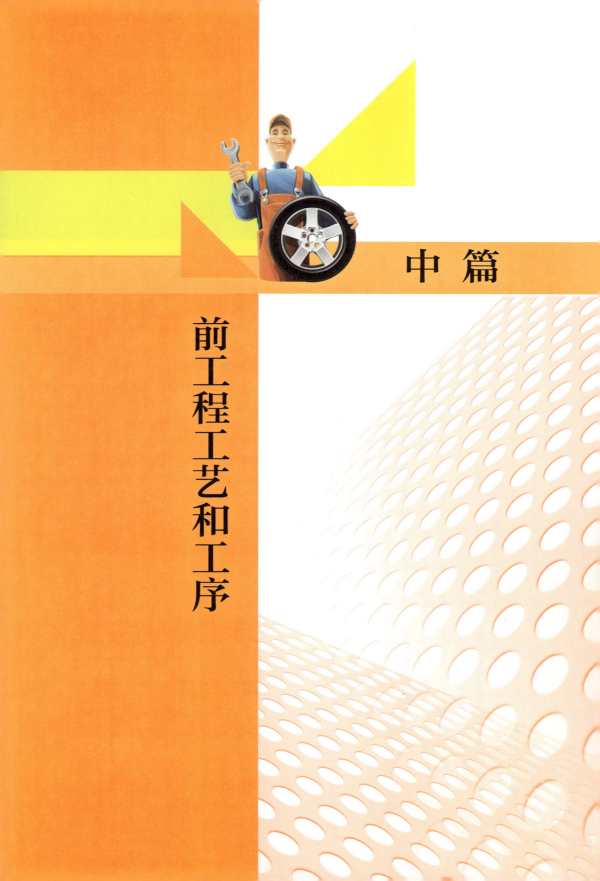

中 篇

前工程工艺和工序

# 第5章 切断工艺

## 5.1 切断工艺基础

### 5.1.1 电线颜色区分

电线颜色代号可以在切断开始看板上找到，与部品领取看板上的电线颜色代号进行对照确认，确保当前生产的两种看板上的电线颜色一致，如图5-1-1所示。

| 品种 | 线径 | 色 | 切断线长 | 绞线圈数 | 逆转圈数 | 绞后线长 |
|---|---|---|---|---|---|---|
| 111 | 039 | 90 | 448 | | | |
| CAVS | 0.5 | L | 复线 | 接合屏蔽线1 | | |

| 切断 | 削皮 | 4.0 | | | 削皮 | 4.0 | |
|---|---|---|---|---|---|---|---|
| | 1侧端子 | | 1侧附属 | | 2侧端子 | | 2侧附属 |

| 前工程 | 同时压着1 | 1侧管类 | 同时压着2 | 2侧管类 |
|---|---|---|---|---|

(a) 切断开始看板上的电线颜色

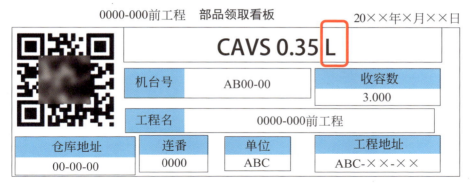

(b) 部品领取看板上的电线颜色

图5-1-1 电线颜色区分

## 5.1.2 电线品种区分

电线品种代号可以在切断开始看板上找到，与部品领取看板上的电线品种代号进行对照确认，确保当前生产的两种看板上的电线品种一致，如图 5-1-2 所示。

| 品种 | 线径 | 色 | 切断线长 | 绞线圈数 | 逆转圈数 | 绞后线长 |
|---|---|---|---|---|---|---|
| 111 | 039 | 90 | 448 | | | |
| CAVS | 0.5 | L | 复线 | 接合屏蔽线1 | | |

| 切断 | 削皮 | 4.0 | | | 削皮 | 4.0 | | |
|---|---|---|---|---|---|---|---|---|
| | 1侧端子 | | 1侧附属 | | 2侧端子 | | 2侧附属 | |

| 前工程 | | | | | | |
|---|---|---|---|---|---|---|
| | 同时压着1 | 1侧管类 | | 同时压着2 | 2侧管类 | |

图5-1-2 电线品种区分

## 5.1.3 电线线径区分

电线线径可以在切断开始看板上找到，与部品领取看板上的电线品种代号进行对照确认，确保当前生产的两种看板上的电线品种一致，如图 5-1-3 所示。

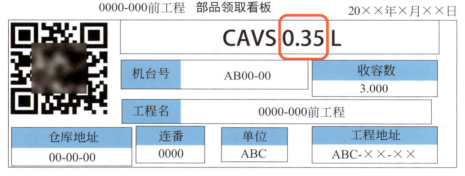

(a) 切断开始看板上的电线线径

(b) 部品领取看板上的电线线径

图5-1-3　电线线径区分

### 5.1.4　端子品种区分

确认切断开始看板、端子包装与部品领取看板上的端子代码一致，如图 5-1-4 所示。

### 5.1.5　端子规格与拉力检测

❶ 端子的规格检测如图 5-1-5 所示。
❷ 端子的拉力检测如图 5-1-6 所示。

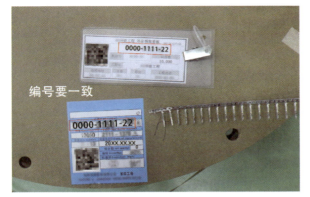

图5-1-4　端子的品种区分

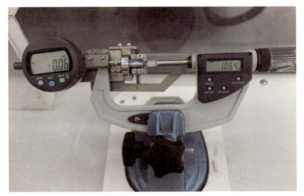

图5-1-5　端子的规格检测（千分尺）

图5-1-6　端子的拉力检测（拉力计）

## 5.2 切断工艺的工序概要

❶ 设备点检(只在开机时)。

根据现场日常检点表进行检查(表 5-2-1 和图 5-2-1)。

表 5-2-1 切断设备现场日常检点表

| 设备号 ××× 设备 | | 记入方法:○正常 ×异常 √完成 | | | | |
|---|---|---|---|---|---|---|
| 序号 | 项目 | 规格标准 | 点检方法 | 班次 | 20××年×月 | |
| 1 | 主空气压力计的确认 | 主空气压力:<br>(0.50±0.05)MPa<br>(0.45 ~ 0.55MPa) | 目视 | | | |
| 2 | 夹钳 A 压力计的确认(1) | AC95-A·D:<br>(0.40±0.05)MPa | 目视 | | | |
| 3 | 夹钳 A 压力计的确认(2) | AC95-A·D:0.40 ~ 0.55MPa | 目视 | | | |
| 4 | 检尺皮带供应压力计的确认 | AC95-A·D:0.30 ~ 0.05MPa | 目视 | | | |
| 5 | 电线通路确认 | 电线通路部件没有毛刺、磨耗、缺损、破损、缺失等 | 目视 | | | |
| 6 | 端子废屑和剥皮的确认 | 通道没有堵塞 | 目视 | | | |
| 7 | 在日常点检模式中传感器的确认 | 在日常点检模式判定为"OK" | 日常点检模式 | | | |
| 8 | 切断面以及剥皮和芯线状态的确认 | 切断面和绝缘皮没有撕断和斜切<br>芯线上没有划痕、切伤、延伸、塌角 | 目视 | | | |
| 9 | 紧急停止按钮的确认 | 紧急停止按钮没有裂缝和缺损。错误信息"(0001)紧急停止"会显示,同时蜂鸣器会鸣响 | 目视 | | | |
| 10 | 安全罩的探测确认 | 安全罩打开时错误信息"(0002)安全罩开"会显示,同时蜂鸣器会鸣响 | 目视 | | | |
| | 点检(作业员 1 次/天) | | | | | |
| | 确认(班长 1 次/天) | | | | | |
| | 确认(组长 1 次/周) | | | | | |

图5-2-1　检查气压

❷ 根据切断开始看板，选用端子、模具并安装（图5-2-2）。

图5-2-2　选用端子、模具

❸ 根据切断开始看板，选用电线、防水栓并安装（图5-2-3）。

图5-2-3　安装电线、防水栓

❹ 初品电线制作并确认规格（图 5-2-4）。

图5-2-4　初品电线制作并确认规格

❺ 批量生产（初品电线规格合格为前提），如图 5-2-5 所示。

图5-2-5　批量生产

❻ 终品电线制作并确认规格（图 5-2-6）。

图5-2-6　终品电线制作并确认规格

❼ 切断工艺中间检查（图5-2-7）。

图5-2-7　切断工艺中间检查

## 5.3　切断工艺的技术标准

（1）根据生产指示卡确认
❶ 选用电线品种、颜色与指示卡一致。
❷ 选用电线线径与指示卡一致。
❸ 电线两端选用端子品种与指示卡一致。
❹ 电线两端选用防水栓与指示卡一致。
❺ 切断电线长度与指示卡一致。
（2）根据压着规格表测量端子规格（图5-3-1）
❶ 端子前足高度在规格表范围内（千分尺）。
❷ 端子前足宽度在规格表范围内（千分尺）。
❸ 端子后足高度在规格表范围内（千分尺）。
❹ 端子后足宽度在规格表范围内（千分尺）。
❺ 端子压接电线后抗拉力大于规格表指示值（拉力机）。
（3）调查不符合标准的原因
若不符合标准要求，由相关部门（如品管部）调查不符合标准的原因并采取相应对策。

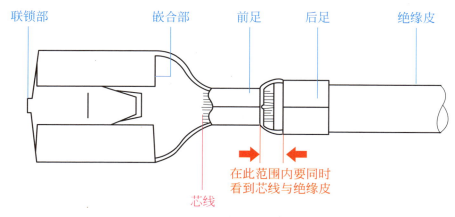

图5-3-1　端子的结构

# 第6章

# 防水栓安装工艺

## 6.1 防水栓的品种区分

确认防水栓包装的号码与部品领取看板上的号码一致,如图 6-1-1 所示。

图6-1-1 防水栓的品种区分

## 6.2 防水栓安装工艺的工序概要

❶ 取出电线(图 6-2-1)。

❷ 取下保护杯（图 6-2-2）。

图6-2-1 取出电线

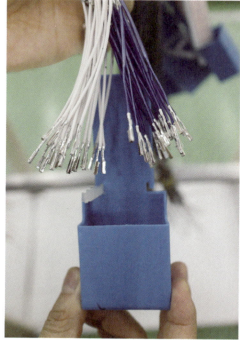
图6-2-2 取下保护杯

❸ 根据生产指示卡，选择防水栓的品种。
❹ 安装防水栓（图 6-2-3）。

图6-2-3 安装防水栓

❺ 防水栓安装工艺中间检查（图 6-2-4）。

图6-2-4　防水栓安装工艺中间检查

## 6.3　防水栓安装工艺的技术标准

根据生产指示卡检查：
❶ 防水栓品种使用是否正确；
❷ 防水栓是否安装到作业要求的指定位置。

CHAPTER 7

# 第7章 压着工艺

## 7.1 压着工艺基础

### 7.1.1 根据看板核对压着工艺相关信息（图7-1-1）

❶ 电线的颜色。
❷ 电线的品种。
❸ 电线的线径。

*ABCDE*

| | ② | ③ | ① | | | | |
|---|---|---|---|---|---|---|---|
| 品种 | 线径 | 色 | 切断线长 | 绞线圈数 | 逆转圈数 | 绞后线长 |
| 111 | 039 | 90 | 448 | | | |
| CAVS | 0.5 | L | 复线 | | | |

| 切断 | 削皮 | 4.0 | | | 削皮 | 4.0 | |
|---|---|---|---|---|---|---|---|
| | 1侧端子 | | 1侧附属(防水栓) | | 2侧端子 | | 2侧附属(防水栓) |
| | 123456789 | | | | | | |

| 前工程 | | ④ 123456789 | ⑤ 123456789 |
|---|---|---|---|
| | 同时压着1 | 1侧管类 | 同时压着2 | 2侧管类 |

图7-1-1 根据看板核对信息

❹ 端子的品种。
❺ 防水栓的品种。

### 7.1.2 压着设备日常检查

根据现场日常点检表，对设备进行检查并记录。

## 7.2 压着工艺的工序概要

❶ 取出电线（图7-2-1）。
❷ 取下保护杯（图7-2-2）。

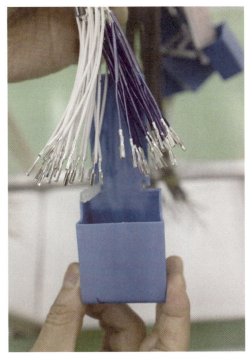

图7-2-1　取出电线　　　　　　　图7-2-2　取下保护杯

❸ 根据生产指示卡，选择端子型号及其设备型号（图7-2-3）。

(a) 选择端子型号

(b) 选择合适的设备

图7-2-3　选择端子及其设备型号

❹ 初品电线制作并确认规格（图 7-2-4）。

❺ 批量生产（初品规格合格为前提），如图 7-2-5 所示。

❻ 终品电线制作并确认规格（图 7-2-6）。

❼ 压着工艺中间检查。

图7-2-4 初品电线制作并确认规格

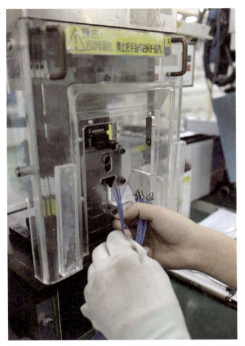

图7-2-5 批量生产（初品规格合格为前提）

图7-2-6 终品电线制作并确认规格

## 7.3 压着工艺的技术标准

(1) 根据生产指示卡确认

选用端子品种与指示卡一致。

(2) 根据压着规格表测量端子规格(参见图 5-3-1)

❶ 端子前足高度在规格表范围内(千分尺)。

❷ 端子前足宽度在规格表范围内(千分尺)。

❸ 端子后足高度在规格表范围内(千分尺)。

❹ 端子后足宽度在规格表范围内(千分尺)。

❺ 端子压接电线后抗拉力大于规格表指示值(拉力机)。

# 第8章

# 绞线工艺

## 8.1 绞线工艺基础

根据绞线总看板的信息（图 8-1-1）核对需要加工电线的信息。

| 复线号 | 切断线长 | 绞后线长 | 正卷数 | 逆卷数 | 复线 |
|---|---|---|---|---|---|
| ABC01 | 2792 | 2788 | 84 | | 绞距4.5间1 |
| 加工图复线NO： | | 1 | 附属品： | ABC12345 | |
| | 单线架位 | 单线号 | 品种 | 大小 | 颜色 |
| 单线1 | 无架位 | AB111 | CIVUS | 0.35 | W |
| 单线2 | 无架位 | AB222 | CIVUS | 0.35 | B |
| 单线3 | | | | | |
| 单线4 | | | | | |

图8-1-1 绞线总看板的信息

### 8.1.1 电线颜色确认

根据绞线总看板的信息，核对并确认需要加工电线的颜色，如图 8-1-2 所示。

| 品种 | 线径 | 色 | 切断线长 | 绞线圈数 | 逆转圈数 | 绞后线长 |
|---|---|---|---|---|---|---|
| 1×7 | 0.69 | 30 | 2508 | 75 | | 2505 |
| C×××S | 0.35 | B | 复线 | 绞距4.5(18) | | |

| 切断 | 削皮 | 3.5 | | |
|---|---|---|---|---|
| | 1侧端子 | | 1侧附属 | |
| | 7×××70×××2 | | | |

| 前工程 | 同时压着1 | 1侧管类 |
|---|---|---|
| | | |

| | 削皮 | 4.5 | |
|---|---|---|---|
| | 2侧端子 | | 2侧附属 |
| | 7×××50×××2 | | 7×××30×××0 |

| | 同时压着2 | 2侧管类 |
|---|---|---|
| | T×××0 | |

| 品种 | 线径 | 色 | 切断线长 | 绞线圈数 | 逆转圈数 | 绞后线长 |
|---|---|---|---|---|---|---|
| 1×7 | 0.69 | 40 | 1664 | 48 | | 1662 |
| C×××S | 0.35 | W | 复线 | 绞距4.5(3) | | |

| 切断 | 削皮 | 4.0 | | |
|---|---|---|---|---|
| | 1侧端子 | | 1侧附属 | |
| | 7×××31×××2 | | | |

| 前工程 | 同时压着1 | 1侧管类 |
|---|---|---|
| | T×××6 | |

| | 削皮 | 4.0 | |
|---|---|---|---|
| | 2侧端子 | | 2侧附属 |
| | 7×××31×××2 | | |

| | 同时压着2 | 2侧管类 |
|---|---|---|
| | | |

图8-1-2 确认电线的颜色

## 8.1.2 电线品种确认

根据绞线总看板的信息，核对并确认需要加工电线的品种，如图8-1-3所示。

| 品种 | 线径 | 色 | 切断线长 | 绞线圈数 | 逆转圈数 | 绞后线长 |
|---|---|---|---|---|---|---|
| 1×7 | 0.69 | 30 | 2508 | 75 | | 2505 |
| C×××S | 0.35 | B | 复线 | 绞距4.5(18) | | |

| 切断 | 削皮 | 3.5 | |
|---|---|---|---|
| | 1侧端子 | | 1侧附属 |
| | 7×××70×××2 | | |

| | 削皮 | 4.5 | |
|---|---|---|---|
| | 2侧端子 | | 2侧附属 |
| | 7×××50×××2 | | 7×××30×××0 |

| 前工程 | | | |
|---|---|---|---|
| | 同时压着1 | | 1侧管类 |
| | | | |

| | 同时压着2 | | 2侧管类 |
|---|---|---|---|
| | T×××0 | | |

| 品种 | 线径 | 色 | 切断线长 | 绞线圈数 | 逆转圈数 | 绞后线长 |
|---|---|---|---|---|---|---|
| 1×7 | 069 | 40 | 1664 | 48 | | 1662 |
| C×××S | 0.35 | W | 复线 | 绞距4.5(3) | | |

*T×××9*

| 切断 | 削皮 | 4.0 | |
|---|---|---|---|
| | 1侧端子 | | 1侧附属 |
| | 7×××31×××2 | | |

| | 削皮 | 4.0 | |
|---|---|---|---|
| | 2侧端子 | | 2侧附属 |
| | 7×××31×××2 | | |

| 前工程 | | | |
|---|---|---|---|
| | 同时压着1 | | 1侧管类 |
| | T×××6 | | |

| | 同时压着2 | | 2侧管类 |
|---|---|---|---|
| | | | |

图8-1-3　确认电线的品种

## 8.1.3　电线线径确认

根据绞线总看板的信息，核对并确认需要加工电线的线径，如图 8-1-4 所示。

| 品种 | 线径 | 色 | 切断线长 | 绞线圈数 | 逆转圈数 | 绞后线长 |
|---|---|---|---|---|---|---|
| 1×7 | 0.69 | 30 | 2508 | 75 | | 2505 |
| C×××S | 0.35 | B | 复线 | 绞距4.5(18) | | |

*T×××9*

| 切断 | 削皮 | 3.5 | |
|---|---|---|---|
| | 1侧端子 | | 1侧附属 |
| | 7×××70×××2 | | |

| | 削皮 | 4.5 | |
|---|---|---|---|
| | 2侧端子 | | 2侧附属 |
| | 7×××50×××2 | | 7×××30×××0 |

图8-1-4

| 前工程 | 同时压着1 | 1侧管类 |
|---|---|---|
| | T×××0 | |

| 前工程 | 同时压着2 | 2侧管类 |
|---|---|---|
| | T×××0 | |

*T×××9*

| 品种 | 线径 | 色 | 切断线长 | 绞线圈数 | 逆转圈数 | 绞后线长 |
|---|---|---|---|---|---|---|
| 1×7 | 069 | 40 | 1664 | 48 | | 1662 |
| C×××S | 0.35 | W | 复线 | 绞距4.5(3) | | |

| 切断 | 削皮 | 4.0 | |
|---|---|---|---|
| | 1侧端子 | | 1侧附属 |
| | 7×××31×××2 | | |

| 切断 | 削皮 | 4.0 | |
|---|---|---|---|
| | 2侧端子 | | 2侧附属 |
| | 7×××31×××2 | | |

| 前工程 | 同时压着1 | 1侧管类 |
|---|---|---|
| | T×××6 | |

| 前工程 | 同时压着2 | 2侧管类 |
|---|---|---|
| | | |

图8-1-4　确认电线的线径

## 8.1.4　绞线圈数确认

根据绞线总看板的信息，核对并确认需要加工电线的圈数，如图 8-1-5 所示。

*T×××9*

| 品种 | 线径 | 色 | 切断线长 | 绞线圈数 | 逆转圈数 | 绞后线长 |
|---|---|---|---|---|---|---|
| 1×7 | 069 | 30 | 2508 | 75 | | 2505 |
| C×××S | 0.35 | B | 复线 | | 绞距4.5(18) | |

| 切断 | 削皮 | 3.5 | |
|---|---|---|---|
| | 1侧端子 | | 1侧附属 |
| | 7×××70×××2 | | |

| 切断 | 削皮 | 4.5 | |
|---|---|---|---|
| | 2侧端子 | | 2侧附属 |
| | 7×××50×××2 | | 7×××30×××0 |

| 前工程 | 同时压着1 | 1侧管类 |
|---|---|---|
| | | |

| 前工程 | 同时压着2 | 2侧管类 |
|---|---|---|
| | T×××0 | |

| 品种 | 线径 | 色 | 切断线长 | 绞线圈数 | 逆转圈数 | 绞后线长 |
|---|---|---|---|---|---|---|
| 1×7 | 069 | 40 | 1664 | 48 | | 1662 |
| C×××S | 0.35 | W | 复线 | | 绞距4.5(3) | |

*T×××9*

| 切断 | 削皮 | 4.0 | |
|---|---|---|---|
| | 1侧端子 | | 1侧附属 |
| | 7×××31×××2 | | |

| | 削皮 | 4.0 | |
|---|---|---|---|
| | 2侧端子 | | 2侧附属 |
| | 7×××31×××2 | | |

| 前工程 | | | |
|---|---|---|---|
| | 同时压着1 | | 1侧管类 |
| | T×××6 | | |

| | 同时压着2 | | 2侧管类 |
|---|---|---|---|

图8-1-5 确认绞线圈数

## 8.1.5 绞线设备日常检查

根据现场日常点检表，对设备进行检查并记录。

## 8.2 绞线工艺的工序概要

❶ 从挂马台车取出电线（图 8-2-1）。

图8-2-1 取出电线

❷ 取下保护杯（图 8-2-2）。

图8-2-2 取下保护杯

❸ 根据生产指示卡（绞线总看板），设定绞线的正卷圈数（图 8-2-3）。

| 复线品番 | T×××3 | 切断线长 2.792 | 然后线长 2788 | 正卷数 84 | 逆卷数 | 复线 绞距4.5间1 |
|---|---|---|---|---|---|---|
| 加工图复线No： | | 1 | 附属品 | V×××70 ××B | | |
| | 单线架位 | | 单线背番号 | 品种 | 线径 | 色 |
| 单线1 | 无架位 | | T×××3 | C×××S | 0.35 | W |
| 单线2 | 无架位 | | T×××4 | C×××S | 0.35 | B |
| 单线3 | | | | | | |
| 单线4 | | | | | | |

(a) 生产指示卡(总看板)

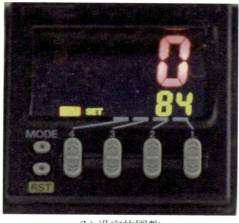

(b) 设定的圈数

图8-2-3 生产指示卡和设定的圈数

❹ 批量生产，使用胶带固定两端电线（图 8-2-4）。

(a) 固定左端电线

(b) 固定右端电线

图8-2-4　使用胶带固定两端电线

❺ 确定绞后线长及绞距（图 8-2-5）。

(a) 绞线完成

图8-2-5

(b) 检查绞线

图8-2-5　确定绞后线长及绞距

❻ 绞线工艺中间检查（图 8-2-6）

图8-2-6　绞线工艺中间检查

## 8.3　绞线工艺的技术标准

根据生产指示卡检查：
❶ 绞后线长是否与生产指示卡一致；
❷ 绞后绞距是否与生产指示卡一致。

# 第9章

# 熔着工艺

## 9.1 熔着工艺基础

### 9.1.1 根据熔着总看板核对熔着工艺相关信息

❶ 相应背番号电线颜色。
❷ 相应背番号电线品种。
❸ 相应背番号电线线径。

看板如图9-1-1所示。

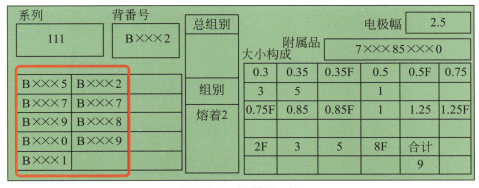

图9-1-1 熔着总看板

### 9.1.2 熔着设备日常检查

根据现场日常点检表，对设备进行检查并记录。

## 9.2 熔着工艺的工序概要

❶ 根据生产指示卡（线架前方—背番号）从配线架上抽出电线（图9-2-1），配套夹在人工支上。

(a) 抽出电线

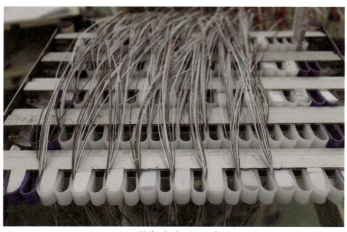

(b) 配套夹在人工支上

图9-2-1 根据生产指示标识从配线架上抽出电线

❷ 确认和设定电流值。

根据总看板背番号的电线组合确认电流值，如图9-1-1和图9-2-2所示。

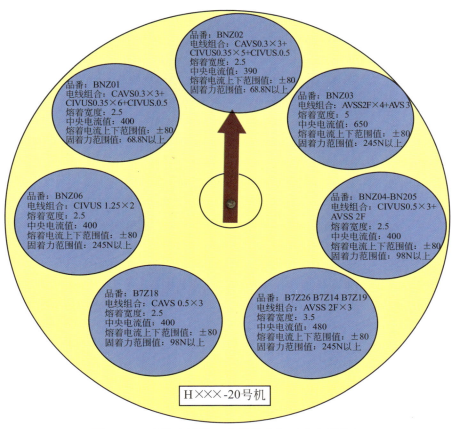

图9-2-2 确认电流值（电线组合与对应电流值）

❸ 从人工支上取出配套好的电线，放到熔着机上加工（图9-2-3）。

(a) 从人工支上取出电线

图9-2-3

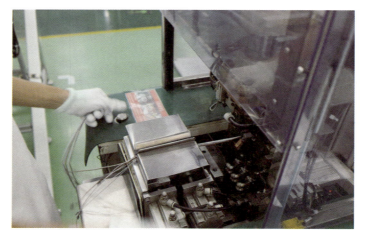

(b) 在熔着机上加工

图9-2-3　从人工支上取出配套好的电线放到熔着机上加工

❹ 根据生产指示卡，检测电线熔着后的拉力和规格（图 9-2-4）。

(a) 检测电线熔着后的拉力　　　　　　　　(b) 检测电线熔着后的规格

图9-2-4　检测电线熔着后的拉力和规格

❺ 将熔着后的电线放到人工支上（图 9-2-5）。
❻ 熔着工艺中间检查（图 9-2-6）。

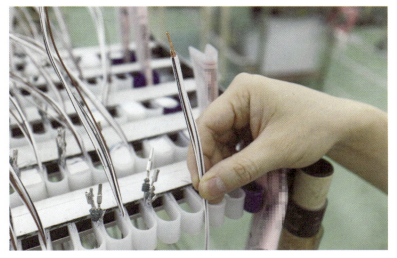

图9-2-5 将熔着后的电线放到人工支上

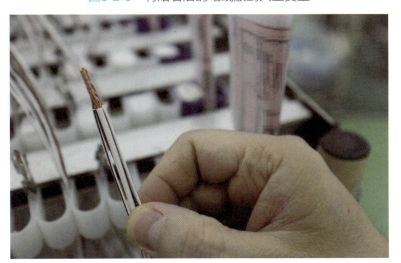

图9-2-6 熔着工艺中间检查(目视确认)

## 9.3 熔着工艺的技术标准

❶ 检测电线熔着后的拉力是否在规定值以上。
❷ 检测电线熔着后的长度和宽度是否在规定范围内。

❸ 对照样品电线确认使用的数量、颜色、大小、品种是否正确。样品电线如图 9-3-1 所示。

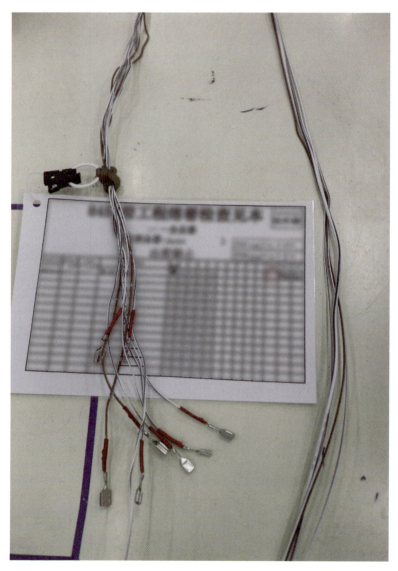

图9-3-1　样品电线

CHAPTER 10

# 第10章 热收缩工艺

## 10.1 准备工作

❶ 热收缩机电流值调整和设定（图10-1-1）。

图10-1-1　热收缩机电流值调整和设定

❷ 检测设定电流后机器的温度是否在设定范围内（图10-1-2）。

图10-1-2　检测机器的温度

## 10.2　热收缩设备日常检查

根据现场日常点检表（表10-2-1），对设备进行检查并记录。

表10-2-1　熔着设备日常点检表

| 设备号 ×××设备 | | 记入方法：○正常　×异常　√完成 | | | | |
|---|---|---|---|---|---|---|
| 序号 | 项目 | 规格标准 | 点检方法 | 班次 | 20××年×月 | |
| 1 | 皮带与皮带轮的状态确认 | 皮带上没有破损粘接剂的凝块 皮带轮的沟上没有粘接剂的凝块 | 目视 | | | |
| 2 | 加热器的动作确认 | 2个地方的LED灯亮或者闪烁 | 目视 | | | |
| 3 | 吹风机的动作确认 | 两边的吹风机吹出来的风没有风量差 | 手感 | | | |
| 4 | 冷却回路动作确认 | 从吹风机里有风吹出来 | 手感 | | | |
| 5 | 粘接剂盒液面高度的确认 | 30～38mm | 目视 | | | |
| 6 | 台面与地面的5S确认 | 没有粘接剂 | 目视 | | | |

续表

| 序号 | 项目 | 规格标准 | 点检方法 | 班次 | 20××年×月 |
|---|---|---|---|---|---|
| 7 | 清扫 | 上下加热板上无异物、药水附着 | 目视 | | |
| 8 | 加热板温度(停电确认) | 熔着热收缩：（130±5）℃<br>LA 热收缩：（155±5）℃ | 温度计 | | |
| 9 | 本体温度(停电确认) | 熔着热收缩：（500±10）℃<br>LA 热收缩：590 ~ 620℃ | 温度计 | | |
| | 点检（作业员 1 次 / 天） | | | | |
| | 确认（班长 1 次 / 天） | | | | |
| | 确认（组长 1 次 / 周） | | | | |

## 10.3　热收缩工艺的工序概要

❶ 从人工支上抽出电线（图 10-3-1）。

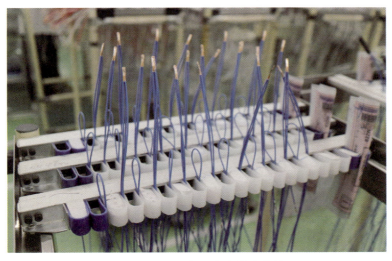

图10-3-1　从人工支上抽出电线

❷ 将电线芯线部分浸入熔着药水 1 ~ 2s（图 10-3-2）。

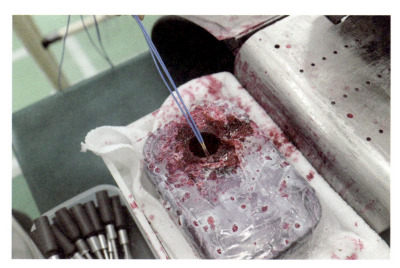

图10-3-2　将电线芯线部分浸入熔着药水1~2s

❸ 将热收缩管套住浸有药水的电线芯线部分（图10-3-3）。

图10-3-3　将热收缩管套住浸有药水的电线芯线部分

❹ 将热收缩管固定在热收缩固定治具上（此工序只用于LA收缩）。

❺ 加工热收缩管（图10-3-4）。

❻ 从输送带出口取出电线和加热后的收缩管（图10-3-5）。

❼ 将电线吹凉后放回人工支上（图10-3-6）。

❽ 热收缩工艺中间检查。检查热收缩有否脱落和管口是否有空隙（图10-3-7）。

(a) 将热收缩管放入热收缩输送带入口

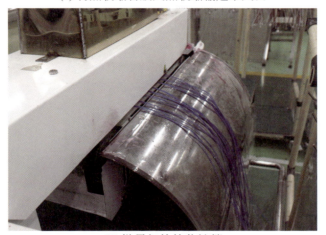

(b) 批量加热热收缩管

图10-3-4　加工热收缩管

图10-3-5　从输送带出口取出电线和加热后的收缩管

图10-3-6　将电线吹凉后放回人工支

图10-3-7　热收缩工艺中间检查

## 10.4 热收缩工艺的技术标准

❶ 熔着药水不能粘到电线 PVC 上，如图 10-4-1 标注位置。

图10-4-1　熔着药水不能粘到电线PVC上

❷ 检查热收缩管是否有松动、脱落，管口是否有空隙。

# 第11章

# 浸水检查工艺

## 11.1 检查浸水检查机的气压值

如图11-1-1所示,检查浸水检查机的气压值是否在合理范围(绿色区域)。

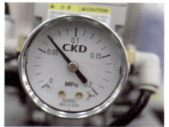
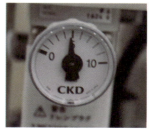

图11-1-1 检查浸水检查机的气压值

## 11.2 浸水检查机日常检查

根据现场日常点检表(表 11-2-1),对设备进行检查并记录。

表 11-2-1 浸水检查机日常点检表

| 设备号 ××× 设备 | | 记入方法:○正常 ×异常 √完成 | | | | |
|---|---|---|---|---|---|---|
| 序号 | 项目 | 规格标准 | 点检方法 | 班次 | 20××年×月 | |
| 1 | 主调节器压力 | 在标记范围以内(0.4~0.6MPa)必须要装有操作防护外盖 | 目视 | | | |
| 2 | 水槽的点检 | 水的更换 水位 96mm 以上有标记 | 目视 | | | |
| 3 | 残次品检测 | 有无气泡 | 目视 | | | |
| 4 | 雪米皮(人工皮革材料)的点检 | 没有破损 把水拧干 | 目视 | | | |
| 5 | 有机玻璃板确认(只限于通用型) | 有机玻璃板无破损 | 目视 | | | |
| | 点检(作业员 1 次/天) | | | | | |
| | 确认(班长 1 次/天) | | | | | |
| | 确认(组长 1 次/周) | | | | | |

## 11.3 浸水检查工艺的工序概要

❶ 从人工支上抽出电线(图 11-3-1)。
❷ 将电线无收缩管一端放入治具内并锁紧固定电线(图 11-3-2)。
❸ 将有收缩管一端的电线部分放入水箱(图 11-3-3)。
❹ 按下加压按键并开始加压(图 11-3-4)。
❺ 检查收缩管口处是否有气泡冒起(图 11-3-5)。

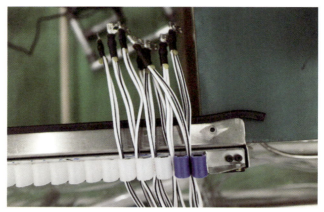

图11-3-1 从人工支上抽出电线

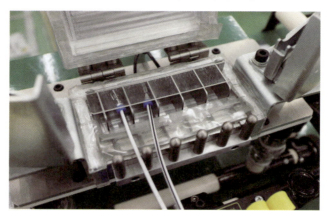

图11-3-2 将电线一端放入治具内并锁紧

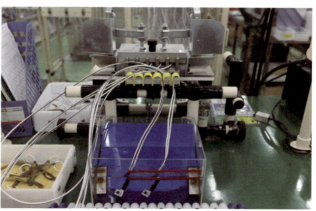

图11-3-3 将电线检测部分放入水箱

❻ 取出电线并放到吹风机口吹干水分(图11-3-6)。

图11-3-4　按下加压按键并开始加压

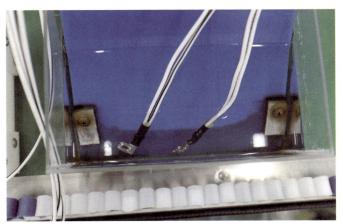

图11-3-5　确认是否有气泡冒起

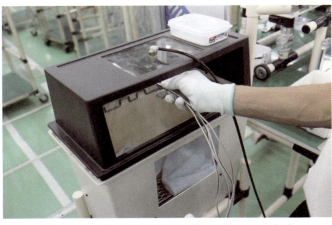

图11-3-6　取出电线并放到吹风机口吹干水分

❼ 将电线放回人工支(图11-3-7)。

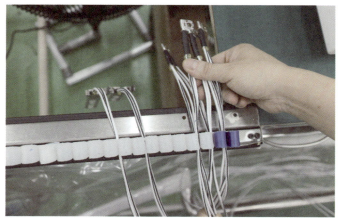

图11-3-7　将电线放回人工支

❽ 浸水检查工艺中间检查,确认没有残留水分和损伤(图11-3-8)。

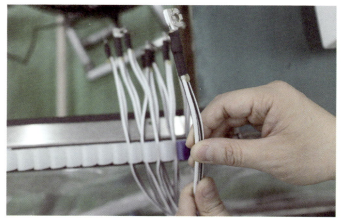

图11-3-8　浸水检查工艺中间检查

## 11.4　浸水检查工艺的技术标准

检测在加压过程中收缩管口处是否有气泡冒起。

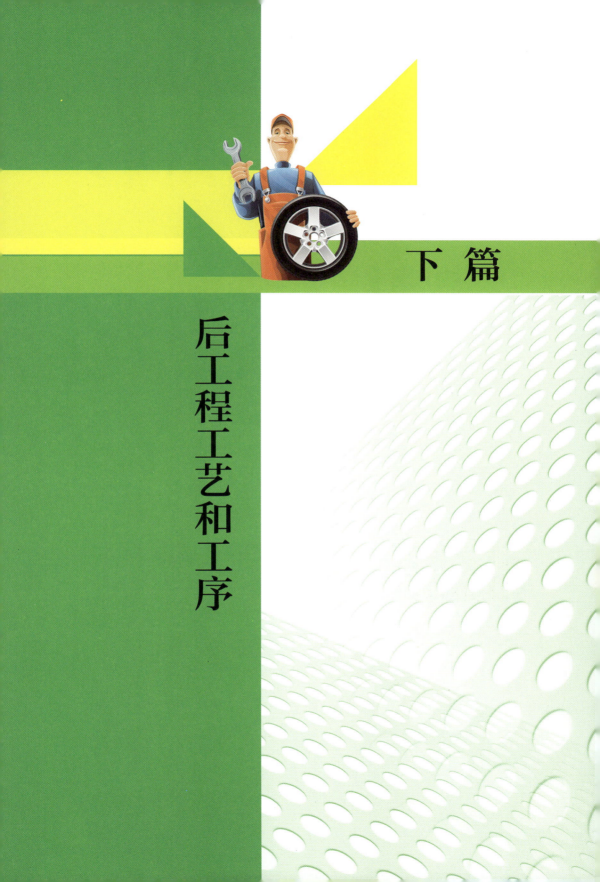

下 篇

后工程工艺和工序

CHAPTER 12

# 第12章 SSC（插线）工艺

## 12.1 SSC 工艺基础

### 12.1.1 根据看板核对 SSC 工艺相关信息

（1）线束颜色

需要加工线束的颜色可在看板上找到，如图 12-1-1 所示。

图12-1-1　在看板上找到线束颜色信息

（2）线束品种

需要加工线束的品种可在看板上找到，如图12-1-2所示。

| 品种 | 线径 | 色 | 切断线长 | 绞线圈数 | 逆转圈数 | 绞后线长 |
|---|---|---|---|---|---|---|
| B×3 | 39 | A× | 839 | | | |
| A×××S | 0.5 | ××/R | 复线 | | | |

*Y×××5*

| 切断 | 削皮 | 4.0 | |
|---|---|---|---|
| | 1侧端子 | | 1侧附属 |
| | 7×××07×××2 | | |

| | 削皮 | 4.0 | |
|---|---|---|---|
| | 2侧端子 | | 2侧附属 |
| | 7×××07×××2 | | |

| 前工程 | 同时压着1 | 1侧管类 |
|---|---|---|
| | | |

| | 同时压着2 | 2侧管类 |
|---|---|---|
| | | |

图12-1-2　在看板上找到线束品种信息

（3）线束线径

需要加工线束的线径可在看板上找到，如图12-1-3所示。

| 品种 | 线径 | 色 | 切断线长 | 绞线圈数 | 逆转圈数 | 绞后线长 |
|---|---|---|---|---|---|---|
| B×3 | 39 | ×Q | 839 | | | |
| A×××S | 0.5 | ××/R | 复线 | | | |

*Y×××5*

| 切断 | 削皮 | 4.0 | |
|---|---|---|---|
| | 1侧端子 | | 1侧附属 |
| | 7×××07×××2 | | |

| | 削皮 | 4.0 | |
|---|---|---|---|
| | 2侧端子 | | 2侧附属 |
| | 7×××07×××2 | | |

| 前工程 | 同时压着1 | 1侧管类 |
|---|---|---|
| | | |

| | 同时压着2 | 2侧管类 |
|---|---|---|
| | | |

图12-1-3　在看板上找到线束线径信息

（4）端子盒分类

分为无扣板端子盒和有扣板端子盒，如图12-1-4所示。

(a) 无扣板端子盒

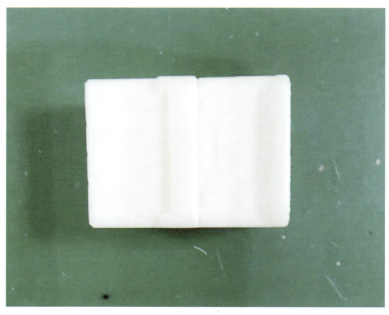

(b) 有扣板端子盒

图12-1-4 端子盒的分类

(5) 嵌合治具分类

分为外嵌合治具和内嵌合治具，如图 12-1-5 所示。

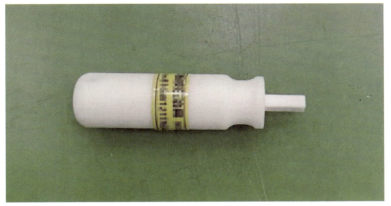

(a) 外嵌合治具

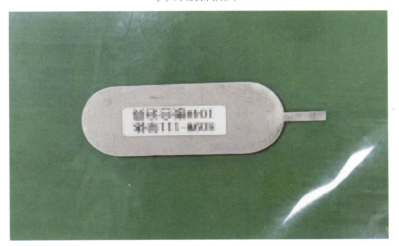

(b) 内嵌合治具

图12-1-5　嵌合治具的分类

## 12.1.2　SSC 设备日常检查

如表 12-1-1 所示，工作前需对设备进行检查，将检查情况进行记录。

表 12-1-1　SSC 设备现场日常点检表

| 设备号 ××× 设备 | | 记入方法：○正常　×异常　√完成 | | | | |
|---|---|---|---|---|---|---|
| 序号 | 项目 | 规格标准 | 评价方法 | 班次 | 20××年×月 | |
| 1 | LED 灯确认 | LED 灯亮 LED 灯、开关没有破损 | 目视 | | | |

续表

| 序号 | 项目 | 规格标准 | 评价方法 | 班次 | 20××年×月 |
|---|---|---|---|---|---|
| 2 | 拉拔确认 | 可以顺畅活动 | 触感 | | |
| 3 | SUB 插线车 | 没有杂物、灰尘 | 目视 | | |
| 4 | SSC 治具 | 没有松动、破损 | 目视 | | |
| 5 | 线兜 | 没有脱落、损坏 | 目视 | | |
| 6 | 本体 | 木板、胶带没有破损 | 目视 | | |
| 7 | 后插线夹 | 没有松动、破损 | 目视 | | |
| 8 | 人工支 | 没有掉落、破损 | 目视、触感 | | |
| 9 | 人工支螺栓 | 没有缺失、掉落、松动 | 目视、触感 | | |
| 10 | 人工支角码 | 没有松动、裂缝 | 目视、触感 | | |

## 12.2　SSC 工艺的标准工序

❶ 从看板箱取出作业指示卡（看板），如图 12-2-1 所示

图12-2-1　从看板箱中取出作业指示卡（看板）

❷ 扫描看板上的条形码（图 12-2-2）。

❸ 将端子盒放入插线台车。根据看板的信息，取出端子盒，将端子盒放入插线台车上（图 12-2-3）。

❹ 按照诱导程序抽取相应的电线。按照诱导程序，按顺序取出指示灯点亮位置的电线（图 12-2-4）。

图12-2-2　扫描看板上的条形码

图12-2-3　将端子盒放入插线台车上

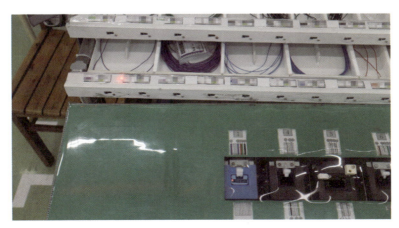

图12-2-4　按照顺序取出指示灯点亮位置的电线

❺ 将电线安装到端子盒相应的孔位。按照诱导程序，将电线安装到端子盒相应的孔位（图12-2-5）。

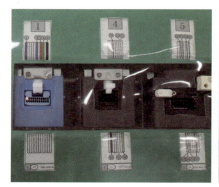

(a) 安装指示灯点亮　　　　　　(b) 将电线安装到端子盒相应的孔位

图12-2-5　将电线安装到端子盒相应的孔位

❻ 重复步骤❸～❺，直至完成电线安装（图12-2-6）。

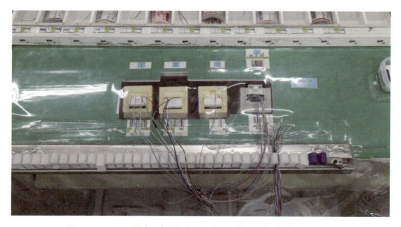

图12-2-6　重复步骤❸~❺，直至完成电线安装

❼ 用手嵌合端子盒（图12-2-7）。

注意：用手不能嵌合的端子盒，可以使用专用的治具嵌合。

❽ 将相应端子盒按指示夹到人工支（图12-2-8）。
❾ 将人工支放入身后的台车上（图12-2-9）。

图12-2-7　用手嵌合端子盒

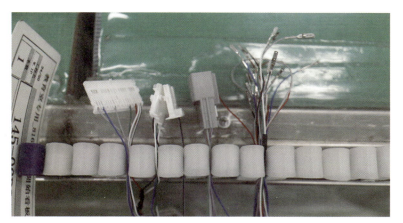

图12-2-8　将相应端子盒按指示夹到人工支

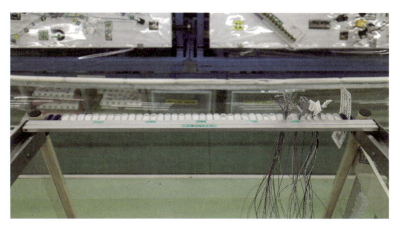

图12-2-9　将人工支放入身后的台车上

## 12.3 SSC 工艺的技术标准

❶ 相应编号的端子盒要放入相应编号的治具内。

❷ 确认条纹图有无破损（图12-3-1），电线的序号、颜色与条纹的序号、颜色应一致。

图12-3-1　确认条纹图有无破损

❸ 按程序指示从线筒抽出电线，用左手拇指按住端子盒，右手离端子后足 10～20mm 的 PVC 管处，垂直插入后进行 2 次拉拔，确认第三次提起治具再过诱导回路。

❹ 按诱导作业，原则上禁止多根拿取电线，只可以一根一根拿取（特殊生产线可以多根拿取）。

❺ 抽取电线时不能强行拉扯，抽出的电线完全被放入线兜。

❻ 当 0.13mm 线径的电线发生一次弯曲（图12-3-2）时，必须废弃。

❼ 作业完成后将人工支放置到台车上时，要确认末端电线有无钩挂，若发现钩挂要立即联络班长。

❽ 扣板的联合状态必须通过拇指上下触摸进行确认。

❾ 绞线、熔着线、屏蔽线根据绞线诱导灯颜色进行作业（图12-3-3）。

图12-3-2　0.13mm线径的电线发生一次弯曲

图12-3-3　绞线、熔着线、屏蔽线根据绞线诱导灯颜色进行作业

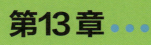

CHAPTER 13

# 第13章

# 配索工艺

## 13.1 配索工艺基础

### 13.1.1 根据看板核对配索工艺相关信息

① 线束的颜色。
② 线束的品种。
③ 线束的线径。
④ 端子的种类。
⑤ 端子盒的品种。

### 13.1.2 配索设备日常检查

根据日常点检表，对设备进行检查，将检查结果进行记录。

## 13.2 配索工艺的标准工序

① 从台车上取下电线（图 13-2-1）。
取下电线时，一只手按住人工支，另一只手取出电线。

图13-2-1　从台车上取下电线

❷ 将电线相应的端子放入治具内（图 13-2-2）。

图13-2-2　将电线相应的端子放入治具内

❸ 整理电线并沿着治具板的走线从左往右配线（图13-2-3）。

💡 注意：配索时如有后插线，则需要将电线夹到后插线夹上。

图13-2-3　整理电线并沿着治具板的走线从左往右配线

❹ 重复步骤 ❷ 和 ❸，直至完成。

💡 注意：需要后插的电线要按照后插图进行插入。

## 13.3　配索工艺的技术标准

❶ 确认制品看板与组立看板是否一致。

取线时，务必一只手按住人工支，另一只手贴着人工支将电线取出（图13-3-1）。

❷ 配索时电线需放进保护槽，整理好电线，防止电线缠绕。

❸ 当0.13mm线径的电线发生一次弯折时，要及时联络班长，废弃及更换电线，禁止继续使用该电线进行作业。

❹ 电线发生打结时，不要拉扯，需立即联络班长。

图13-3-1　取线

CHAPTER 14

# 第14章

# 部品准备

## 14.1 部品准备概述

### 14.1.1 汽车线束部品的分类

（1）COT 蛇管的分类

COT-B 表示黑色普通腹裂蛇管，COT-F-B 表示黑色难燃腹裂蛇管，COTO-F-B 表示黑色难燃不腹裂蛇管，H-COTF-DGY 表示灰色难燃腹裂蛇管。

（2）C-VO 腹裂管的分类

C-VO-B 表示黑色普通腹裂 VO 管，C-VOHR-DGY 表示灰色硬质腹裂 VO 管，C-VOHR-B 表示黑色硬质腹裂 VO 管。

（3）保护架的分类

带底座保护架、带盖子保护架、一体式保护架。

（4）固定钩的分类

束带固定钩、板状固定钩（双边板状、单边板状）。

### 14.1.2 部品准备设备日常检查

根据日常点检表，对部品准备设备进行检查，将检查情况进行记录。

## 14.2 部品准备的标准工序

❶ 扫描看板（图 14-2-1）。

图14-2-1　扫描看板

❷ 按照程序取出部品。取出部品后，按下开关继续取下一个部品，直至完成（图 14-2-2）。

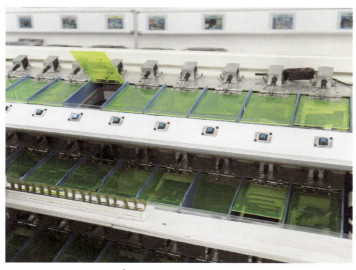

图14-2-2　按照程序取出部品

❸ 夹到相应勿忘棒上（图 14-2-3）。

图14-2-3　夹到相应勿忘棒上

❹ 将勿忘棒放到组立治具板上（图14-2-4）。

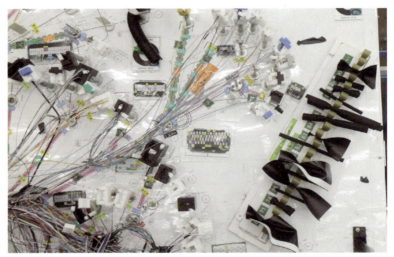

图14-2-4　将勿忘棒放到组立治具板上

## 14.3　部品准备的技术标准

❶ 确认部品品番是否正确（图14-3-1）。

❷ 按照诱导程序，确认从部品盒中取出相同号码的部品并夹在勿忘棒上（图14-3-2）。

图14-3-1　确认部品品番是否正确

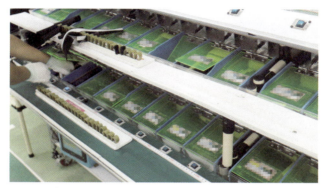

图14-3-2　确认从部品盒中取出相同号码的部品并夹在勿忘棒上

❸ 禁止部品未完全从部品盒拿出就按灭诱导灯（手还在部品盒里），如图 14-3-3 所示。

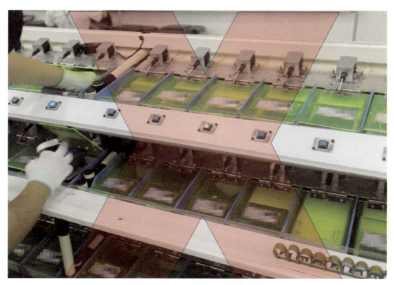

图14-3-3　按要求作业

❹ 掉落的部品要放回部品盒，不可私自捡起来继续作业。
❺ 部品盒内的部品全部用完时，再更换部品盒。
❻ 每更换一盒新部品时，先确认新部品盒与部品盒标识品番是否一致，确认完后再将部品盒放回到使用位置（图14-3-4）。

图14-3-4　先确认新部品盒与部品盒标识品番是否一致

❼ 对于蛇管、皮子、网管，每更换一盒新部品时，都要测量尺寸长度（图14-3-5）。

图14-3-5　测量尺寸长度

CHAPTER 15

# 第15章 外装工艺

## 15.1 外装工艺基础

### 15.1.1 外装部品的认识

❶ COT 蛇管：COT-B 管、COT-F-B 管、COTO-F-B 管、H-COTF-DGY 管。
❷ C-VO 腹裂管：C-VO-B 管、C-VOHR-DGY 管、C-VOHR-B 管。
❸ 保护架的认识。
❹ 固定钩的认识。
❺ 电工胶带的认识：PVC 胶带，防水胶带，自缠胶带（高压胶带），电缆包带，热缩套管，绝缘电工胶带，高压胶带，电气绝缘胶带。

### 15.1.2 外装设备日常检查

根据日常点检表，对外装设备进行检查，将检查结果进行记录。

## 15.2 外装工艺的标准工序

❶ 取出相应的胶带（图 15-2-1）。

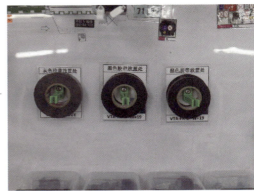

图15-2-1 取出相应的胶带

❷ 在组立板上按照标识进行卷胶带作业(图15-2-2)。

(a) 管外全卷

(b) 管外全卷样式

图15-2-2 在组立板上按照标识进行卷胶带作业

❸ 卷胶带作业完成后，从勿忘棒上拿取相应的外装部品，安装到电线上（图 15-2-3）。

图15-2-3 安装外装部品

❹ 重复步骤 ❷ 和 ❸，直至完成（图 15-2-4）。

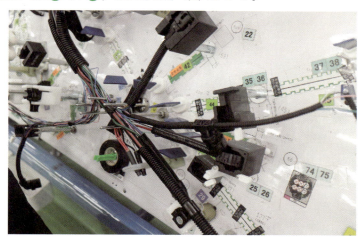

图15-2-4 重复步骤❷和❸，直至完成

## 15.3 外装工艺的技术标准

❶ 穿蛇管时，一定要使用助穿治具作业（图 15-3-1）。

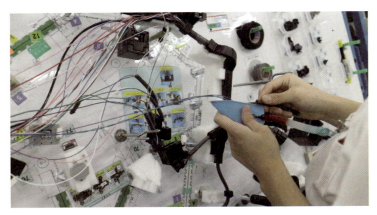

图15-3-1 使用助穿治具作业

❷拿取部品时，必须按勿忘棒上的序号依次拿取部品作业，一次只能拿取一个部品（图15-3-2），禁止同时拿取多个部品进行作业。

图15-3-2 一次只能拿取一个部品

❸固定卷和合并固定卷重叠3～4圈（图15-3-3）。

❹图面无指示时，表皮内电线不允许卷胶带。

❺蛇管、网管两端都做齐下卷的，可以在任何一端做内固定卷。

❻齐下卷作业标准：在电线上和部品上各卷一个胶带宽度（19mm，不能小于10mm），齐下卷不可露线（图15-3-4）。

❼部品安装时，要根据治具/旗标确定安装位置（图15-3-5）。

❽两个蓝色旗标对应最高点作业。

❾荒卷作业（图15-3-6）标准：

a. 露线范围不能大于一个胶卷宽度（19mm），不能小于胶带宽度的1/3；

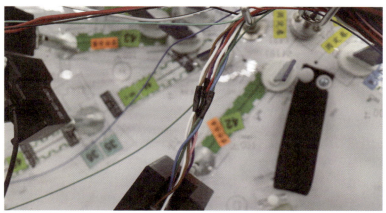

图15-3-3　固定卷和合并固定卷重叠3~4圈

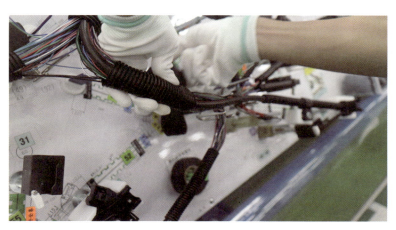

图15-3-4　齐下卷作业

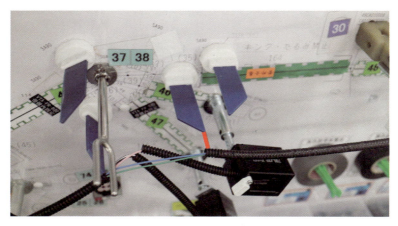

图15-3-5　根据治具/旗标确定安装位置

b. 电线不能有松动、溢出现象;

c. 分支卷作业完成后还原治具确定尺寸,还原时确认电线有无与治具缠绕、钩挂。

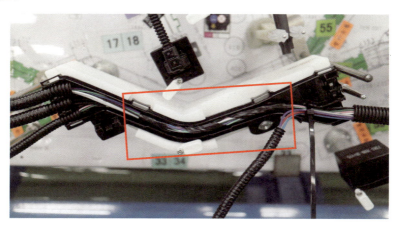

图15-3-6　荒卷作业

CHAPTER 16

# 第16章

# 套环工序

## 16.1 套环设备日常检查

如表 16-1-1 所示,工作前需对套环设备进行检查,将检查情况进行记录。

表 16-1-1 套环设备日常点检表

| 设备号<br>×××设备 | 记入方法:○正常　×异常　√完成 | | | | |
|---|---|---|---|---|---|
| 序号 | 项目 | 规格标准 | 评价方法 | 班次 | 20××年×月 |
| 1 | 爪子形状 | 无破损、变形 | 目视 | | |
| 2 | 爪子安装状态 | 无松动 | 触感 | | |
| | 点检(作业员1次/天) | | | | |
| | 确认(班长1次/天) | | | | |
| | 确认(组长1次/周) | | | | |

## 16.2 套环工艺的标准工序

❶ 将需要穿过套环的部位包上包布。

❷ 放入套环（图16-2-1），将套环放入机械爪。

图16-2-1　放入套环

❸ 脚踏套环机开关，打开套环机机械爪（图16-2-2）。
❹ 把包有包布的部位穿过套环。

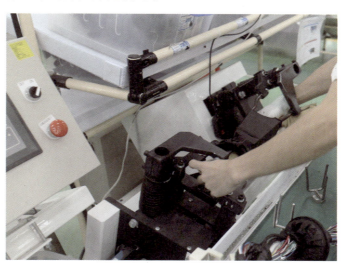

图16-2-2　打开套环机机械爪

❺ 脚踏套环机开关，收起套环机机械爪（图16-2-3）。
❻ 机械爪闭合时，向右拉制品，将制品从机械爪上取下（图16-2-4）。
❼ 重复 ❷ ～ ❻ 步骤，直至完成。
❽ 把套环放置在作业台上，把包布取下（图16-2-5）。
❾ 在套环相应的部位卷上胶带（图16-2-6）。

图16-2-3　收起套环机机械爪

图16-2-4　套环完成安装

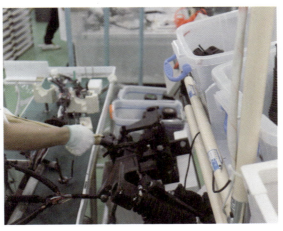

图16-2-5　把包布取下

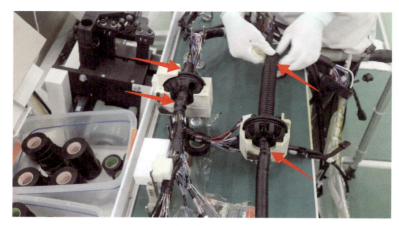

图16-2-6 在套环相应的部位卷上胶带

❿ 将制品放置在缓存架上。

## 16.3 套环工艺的技术标准

❶ 胶带卷需要重叠 7～8 圈（图 16-3-1）。

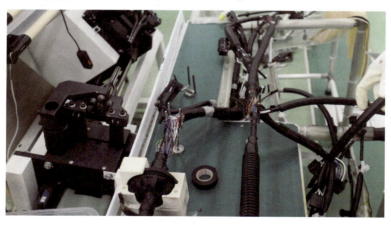

图16-3-1 胶带卷需要重叠7~8圈

❷ 齐下卷作业标准：在电线上和部品上各卷一个胶带宽度（19mm，不能小于 10mm），齐下卷不可露线。

❸ 全卷作业标准：拉紧胶带做 1/2 重叠卷，胶带重叠上限不能超过胶带宽度 2/3，胶带重叠下限不能低于胶带 1/3，全卷不可露线。

CHAPTER 17

第17章

导通工艺

## 17.1 导通工艺基础

### 17.1.1 根据看板核对导通工艺相关信息

① 线束颜色。
② 线束品种。
③ 线束线径。
④ 加工部品的品种。

### 17.1.2 导通设备日常检查

根据日常点检表，对导通设备进行检查，将检查情况进行记录。

## 17.2 导通工艺的标准工序

① 把制品放到导通台上，理顺电线。
② 扫描品番卡上的二维码（图17-2-1）。

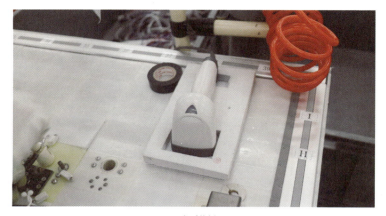

(a) 扫描枪

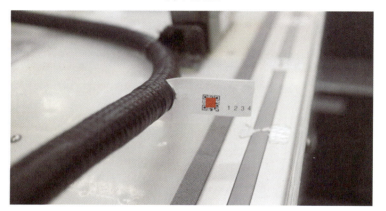

(b) 品番卡上的二维码

图17-2-1　扫描品番卡上的二维码

❸ 按顺序把相应的端子盒放入导通治具（图 17-2-2）。

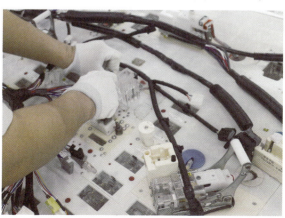

图17-2-2

图17-2-2　按顺序把相应的端子盒放入导通治具

❹ 按下启动键，检测电线回路（图17-2-3）。

❺ 确认电线导通后，则可以加工部品。

❻ 确认加工部品是否符合标准。

❼ 部品合格后，在品番卡上盖上合格印（图17-2-4）。

❽ 把各个端子盒从治具上拿出（图17-2-5）。

❾ 将制品放到完成品放置架上。

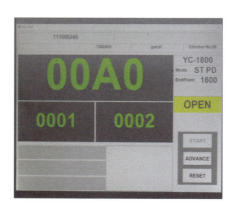

图17-2-3　检测电线回路

图17-2-4　在品番卡上盖上合格印

图17-2-5　把各个端子盒从治具上拿出

## 17.3　导通工艺的技术标准

❶ 条码要完全放入扫描枪范围内。
❷ 在拿出制品时主干与分支要一起拿。
❸ 作业中止时要挂上作业中止卡。
❹ 端子盒放入导通治具后，要关上导通治具把手。
❺ 当回路不导通时，禁止摇晃该末端电线使回路导通。
❻ 在收取电线时，必须将末端治具安全取出，不可以硬扯。
❼ 拿取电线时，必须做到轻拿轻放。

CHAPTER 18

# 第18章

# 固定钩安装工艺

根据日常点检表，对固定钩安装设备进行检查，将检查情况进行记录。

## 18.1 固定钩安装工艺的标准工序

❶ 将端子盒放入相应的治具（图 18-1-1）。
❷ 扫描看板。
❸ 按照诱导程序拿固定钩。
❹ 安装固定带（图 18-1-2）。
❺ 重复步骤 ❸ 和 ❹，直至安装完成。
❻ 用卡子枪把所有束带固定钩尾部打断（图 18-1-3）。

图18-1-1　将端子盒放入相应的治具

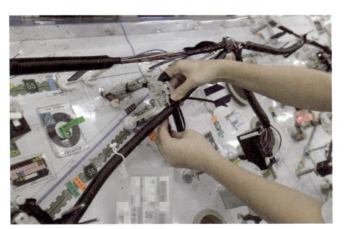

图18-1-2　安装固定带

图18-1-3

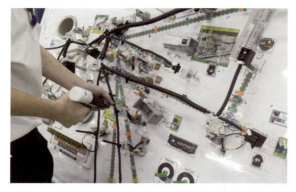

图18-1-3　用卡子枪把所有束带固定钩尾部打断

❼ 将端子盒从治具中拿出，放到相应的完成品台车上。

## 18.2　固定钩安装工艺的技术标准

❶ 电线比板状固定钩大时，要在板状固定钩右端卷 2～3 圈的内固定卷后再放入治具进行安装作业。

❷ 电线比板状固定钩小时，要在电线一端卷 2～3 圈的内固定卷后再放入治具进行安装作业。

❸ 无特定要求时，板状固定钩用该品番指定的识别胶带固定卷 3～4 圈。

❹ 无特定要求时，保护架用黑色胶带固定卷 7～8 圈。

❺ 无特定要求时，合并固定，固定卷、齐下卷用黑色胶带固定卷 2～3 圈。

❻ 根据程序依次安装固定钩。

❼ 电线裸露打束带时，使用专用封口卡子枪进行作业。

# 第19章

## 止水检查

CHAPTER 19

① 在线束端末包上包布（图19-1-1）。

图19-1-1　在线束端末包上包布

❷ 把包了包布的末端穿入止水检查机内（图19-1-2）。

图19-1-2　把包了包布的末端穿入止水检查机内

❸ 将工具穿入套环中（图19-1-3）。

❹ 将密封盒与另一个插接器连接并放入水中（图19-1-4）。

❺ 按开始检查按钮，开始进行止水检查，检查水中是否有气泡（图19-1-5）。如果有气泡，则说明密封不良。

❻ 检查完成后，取出线束并擦干其上的水（图19-1-6）。

❼ 清除插接器上的水（图19-1-7）。

❽ 将线束放到支架上，继续使用气枪清除水分（图19-1-8）。

图19-1-3 将工具穿入套环中

图19-1-4 将密封盒与另一个插接器连接并放入水中

图19-1-5 检查水中是否有气泡

图19-1-6　取出线束并擦干其上的水

图19-1-7　清除插接器上的水

图19-1-8　继续使用气枪清除水分

# 第20章 后加工工艺

根据日常点检表,对设备进行检查,将检查情况进行记录。

## 20.1 后加工工艺的标准工序

❶ 把制品放到后加工台上,理顺电线(图20-1-1)。
❷ 扫描看板。
❸ 按顺序把相应的端子盒放入导通治具(图20-1-2)。
❹ 按程序加工部品(图20-1-3)。
❺ 确认加工部品是否符合标准。
❻ 部品合格后,在品番卡上盖上合格印。

图20-1-1

图20-1-1　理顺电线

图20-1-2　按顺序把相应的端子盒放入导通治具

图20-1-3　按程序加工部品

❼ 把各个端子盒从治具上拿出。
❽ 将制品放到完成品放置架上。

## 20.2　后加工工艺的技术标准

❶ 作业中止时，挂上作业中止卡。
❷ 在拿取制品时要轻拿轻放，主干与分支要一并拿取，碰撞到其他物品时必须拉灯，联络班长处理。
❸ 收取线束时，必须使末端垂直安全取出治具，不可以硬扯。

# 第21章

## 外观检查

❶ 把制品放到检查台上（图 21-1-1）。

图 21-1-1　把制品放到检查台上

❷ 把端子放到相应的治具上（图21-1-2）。

图21-1-2　把端子放到相应的治具上

❸ 目视确认安装是否正确（是否有损坏、是否有变形、有无异物附着），如图21-1-3所示。

图21-1-3　目视确认安装是否正确

❹ 重复第❸步，直至完成。
❺ 参考作业重点，使用白色可撕性胶带进行加工。
❻ 检查合格后，进行扫描并在品番卡上打外观点。